PETIT MANUEL POUR JETER DES (GENTILS) SORTS !

POUR L'ÉDITION ORIGINALE
The Green Wiccan Book of Shadows

POUR L'ÉDITION FRANÇAISE
TRADUCTION ET ADAPTATION : Catherine Bricout

DIRECTION DE LA PUBLICATION :
Isabelle Jeuge-Maynart et Ghislaine Stora
DIRECTION ÉDITORIALE : Nathalie Viard
ÉDITION : Marie Gazagne
LECTURE-CORRECTION : Nelly Mégret
DIRECTION ARTISTIQUE : Géraldine Lamy
MISE EN PAGE : Jacqueline Gensollen-Bloch
COUVERTURE : Véronique Laporte/Claire Morel Fatio
FABRICATION : Émilie Latour

DESSINS ET PHOTOGRAPHIES : © CICO Books 2011,
sauf les illustrations en silhouettes (chats, sorcières, fées, baguette...), étiquettes, carnet : © Thinkstockphotos.com

POUR LA COUVERTURE : © CICO Books 2011 (chaudron) ;
© Thinkstockphotos.com (étiquette et carnet).

AVERTISSEMENT : les recommandations de ce livre n'ont pas vocation à se substituer au diagnostic d'un médecin ni à une prescription médicale en cas de maladie, de trouble ou de blessure. Consultez toujours votre médecin en cas de problème de santé. L'éditeur ne saurait être tenu pour responsable des conséquences qui découleraient de l'utilisation du présent ouvrage ni, bien sûr, en cas d'interprétation erronée.

ISBN 978-2-03-6000834

PETIT MANUEL POUR JETER DES (GENTILS) SORTS !

SILJA

LAROUSSE

21 rue du Montparnasse 75283 Paris Cedex 06

SOMMAIRE

INTRODUCTION

Comment je suis devenue sorcière

Mon intérêt pour le tarot et la pratique de la méditation ont été le point de départ de ma curiosité envers l'ésotérisme. Je me suis bientôt orientée vers la WICCA (voir page 25) en tant que pratique de la sorcellerie. Elle m'accompagne maintenant depuis de nombreuses années !

Au fil des ans, ma pratique a évolué, d'une wicca éclectique à un type de sorcellerie plus *hedgewitchery* (voir page 27) en étant passée par la wicca alexandrine et la wicca celtique traditionnelles (voir pages 28-29). En pratiquant cette dernière, j'ai fondé mon propre GROUPE DE PRATIQUE dont je suis devenue la *grande prêtresse* (voir pages 196 et suivantes).

Le plus merveilleux avec la wicca et la magie en général, c'est qu'elles sont formidablement ADAPTABLES. Elles peuvent évoluer en fonction de vos opinions, votre expérience, du temps et de l'argent que vous pouvez leur consacrer... Vous êtes fauchée comme les blés ? Pas de panique, de nombreux ingrédients se trouvent dans la nature ou sont vendus à des prix imbattables !

Il y a des RÈGLES DE MORALE et de pratique, évidemment, et certaines choses fonctionnent mieux pour les uns que pour les autres… Mais c'est une religion parfaitement flexible, et j'espère sincèrement avoir reflété cet aspect dans le livre…

Un livre à portée de chaudron !

Depuis des années, mes articles sur la magie paraissent chaque mois dans la presse et mes fidèles lecteurs me réclament sans cesse un RECUEIL DE SORTS. Pour répondre au mieux à cette demande, je ne voulais pas me contenter de compiler une liste de sorts... Il existe déjà de nombreux ouvrages sur la question et j'ai toujours la sensation d'un manque en les consultant. Et pour cause ! La règle d'or à retenir est que les sorts ne fonctionnent pas si vous ne connaissez pas leurs ORIGINES et ne savez pas comment les réaliser !

Votre autel magique

L'autel est un parfait exemple de la capacité de la wicca à s'adapter à différentes situations ! Certains de mes amis ont la chance de posséder une chambre rituelle avec un autel permanent, totalement consacrée à la magie, mais ce n'est pas nécessaire ! Personnellement, un meuble de ma salle à manger me sert d'autel, de rangements pour mes grimoires, cristaux et autres outils magiques. D'autres personnes recouvrent leur table à manger d'un tissu brodé, utilisent un rebord de fenêtre ou improvisent un autel dans les bois derrière leur maison... À vous d'étudier la solution qui vous convient le mieux !

J'ai eu donc envie d'écrire un livre destiné à la SORCIÈRE DÉBUTANTE ! Il comprend des sorts évidemment, mais aussi beaucoup d'autres informations, car je veux qu'il soit une introduction bien pensée à la wicca verte, une tradition moderne de la wicca qui travaille en harmonie avec MÈRE NATURE.

J'ai essayé de cerner avec précision les enseignements les plus importants que j'ai prodigués en quinze ans de *coven* (nom donné aux groupes de sorciers qui pratiquent la magie collectivement). Il a fallu peser le pour et le contre pour décider ce qui devait figurer ou non, notamment dans la première partie dédiée à la théorie et à la pratique de la magie. La deuxième partie, sur les sorts, a été plus facile : grâce à mes amis de *coven* et aux réactions de mes lecteurs, je savais d'ores et déjà ceux qui avaient le plus de succès en AMOUR, au TRAVAIL, pour l'ARGENT, la SANTÉ, etc. Je les ai donc repris sans me priver d'ajouter de nouveaux sorts, écrits spécialement pour ce livre !

Pour une lecture pratique…

Vous remarquerez que, dans la deuxième partie, au début de chaque sort, figurent systématiquement des étoiles (✵). Celles-ci indiquent le niveau de difficulté.

✵ ✵ ✵

1. UN SORT À UNE ÉTOILE signale qu'il est facile et à la portée de tous. Il demande peu de concentration et d'expérience, ni d'ingrédients compliqués.

✵ ✵ ✵

2. UN SORT À DEUX ÉTOILES demande un peu plus de préparation… Il n'est pas excessivement compliqué, mais n'est pas vraiment

conseillé pour une première tentative et peut faire appel à des ingrédients un peu chers ou moins faciles à se procurer.

❋❋❋

3. UN SORT À TROIS ÉTOILES est un peu plus complexe ! Il convient à un sorcier plus expérimenté et les ingrédients peuvent être plus difficiles à trouver. Cela ne signifie pas que vous ne pouvez pas accomplir un sort à trois étoiles si vous êtes novice, mais les sorts à une ou deux étoiles ont plus de chances de fonctionner pour vous.

Au fil de votre lecture, vous remarquerez aussi que certains mots récurrents (et parfois un peu tarabiscotés !) apparaissent en ITALIQUE. Il ne s'agit pas d'insultes en langage sorcier ! Plus sérieusement, comme pour toute discipline, la sorcellerie a aussi son JARGON. *Coven, deosil, widdershins,* et bien d'autres encore… Retrouvez tous les termes et leurs significations dans le lexique de la parfaite sorcière, page 218 !

Je vous quitte avec cette bénédiction :

Puisse le soleil haut dans l'éther
Vous donner la force d'oser ;
Puisse l'océan de votre âme
S'apaiser et vous unifier.

J'espère que vous apprécierez ce livre. Bonne lecture et joyeuse pratique !

Silja

On ne se lance pas dans la magie en deux coups de balai ! Avant cela, il est bon de s'initier à ses origines... Quelles sont les pierres angulaires de la sorcellerie ?

Dans un premier temps, lancez-vous dans la connaissance de son histoire et des différentes traditions qui ont nourri le courant wicca. Puis la description de tous les outils de la magie vous mettra le pied à l'étrier !

Grâce à cela, j'espère vraiment que vous réaliserez qu'il n'est pas nécessaire d'être un Grand Sorcier avec des tonnes d'expérience, des herbes et des cristaux hors de prix, ni d'avoir des pouvoirs psychiques extraordinaires pour pratiquer la magie.

L'important est l'intérêt, la curiosité, l'ouverture d'esprit et la volonté d'apprendre !

la Magie : théorie et pratique

DU GRIMOIRE AU CHAUDRON !

LES ORIGINES DE LA MAGIE

La sagesse des anciens !

Si vous voulez réussir dans la magie, c'est comme dans les affaires : il est vital de comprendre pourquoi et comment cela fonctionne. Toute médaille ayant son revers, savoir pourquoi elle peut ne pas fonctionner est tout aussi important ! Il faut également savoir quand y aller avec légèreté, afin de ne pas vous mettre en danger, ni vous, ni les autres. Quand on manipule les sorts, il est essentiel de rester dans les limites morales.

DANS CE CHAPITRE, VOUS TROUVEREZ :

- toutes les explications sur la théorie et l'éthique de la magie!
- pourquoi et comment la magie fonctionne (chic, un mode d'emploi!)...
- les traditions en matière de sorcellerie et les différents courants.

chapeau de sorcière
athamé
herbes
rituels
balai
chaudron

LA PYRAMIDE DE LA SORCIÈRE

Un peu de déontologie...

Une pyramide à quatre côtés symbolise le code de la wicca et guide les sorciers dans leurs pratiques magiques. Les côtés représentent la Connaissance, la Volonté, l'Audace et le Silence.

1. Savoir

L'intuition est importante, mais la recherche l'est aussi ! Les livres et Internet sont faits pour être consultés. N'hésitez pas à PARLER à des sorciers expérimentés ; ils vous seront d'une grande aide. Au début, les opinions différentes que vous lirez et entendrez vous brouilleront peut-être les idées, mais de cette somme de CONNAISSANCES vous finirez par cristalliser vos convictions personnelles et affiner votre pratique !

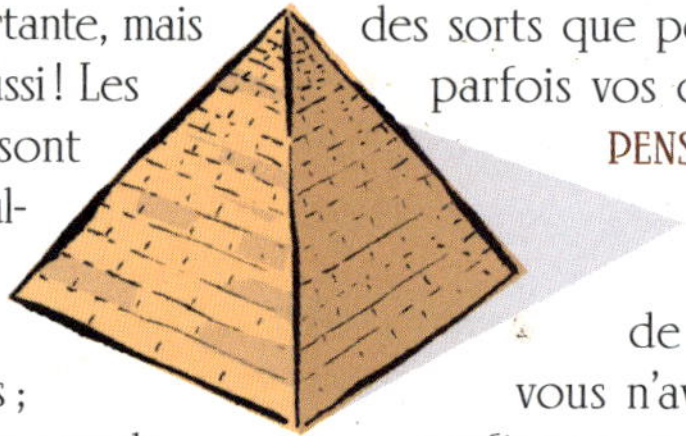

2. Vouloir

Si vous avez une forte volonté, vous allez pouvoir l'exploiter à loisir ! Tant pour rassembler l'énergie magique nécessaire au succès des sorts que pour défendre parfois vos croyances. La PENSÉE POSITIVE : voilà une grande part de la magie ! Si vous n'avez pas assez confiance en vous pour y croire, votre magie a peu de chances de fonctionner. Les sorciers sont connus pour être assez têtus !

3. Oser

Surtout au début, vous devrez prendre des RISQUES et tenter des sorts sans savoir jusqu'à quel point ils seront couronnés de succès... Vous devrez plonger en vous-même pour vous connaître et vous ferez peut-être des découvertes gênantes ! Essayez de ne pas en prendre trop, mais sans risques, il n'y a pas de RÉCOMPENSE. Osez remettre en question ce que vous pensez savoir et osez mettre en pratique ce que vous apprendrez dans ce livre !

4. Se taire

Dans le passé, le secret était plus important que maintenant pour ceux qui pratiquaient la sorcellerie. La wicca a encore des TRADITIONS SECRÈTES… Ce côté de la pyramide est un rappel permanent : ne jamais être fière ou nous vanter du succès de nos sorts. La magie silencieuse est parfois plus puissante et peut nous aider à concentrer notre énergie. Bouche cousue !

L'ÉTHIQUE DE LA MAGIE

Il y a des règles ma p'tite dame !

Les Wiccans ont souvent été accusés d'immoralité en ce que nous ne croyons pas que nos corps, ou la Terre, sont mauvais ou pleins de péchés. Mais la wicca a des valeurs et une éthique ! Voici les deux principales règles pour pratiquer la magie et vivre dans la spiritualité.

Tant que cela ne nuit à personne, fais ce que tu veux !

Au premier abord, cela a l'air tout simple, mais c'est bien plus que s'assurer de ne pas employer une herbe vénéneuse. « Tant que cela ne nuit à personne » ne s'applique pas seulement aux autres humains, mais aussi à vous-même, aux animaux, aux PLANTES et à la Terre. Tous sont liés spirituellement, écologiquement et physiquement. Nous devons soigneusement peser nos actions en fonction de leurs conséquences et être guidées par la conscience de l'impact de nos actes. C'est bien compris ?

Le concept de MAGIE NOIRE comme opposée à la magie blanche part de ce principe. Fondamentalement, tout ce qui contrevient à la libre volonté d'une autre personne, ou est nuisible, ressort de la magie noire ; les sorts bénéfiques constituent la MAGIE BLANCHE. Cette interprétation fait néanmoins l'objet d'une controverse, car ce n'est pas vraiment la magie qui est noire ou blanche, mais l'intention de la personne qui la pratique.

Si ce n'est pour ta défense, rappelle-toi toujours de la règle du triple retour !

Celle-ci est un peu plus facile ! Pensez au karma ou rappelez-vous qu'on récolte ce qu'on sème. Les Wiccans croient que vos actes vous reviennent par TROIS FOIS. Donc, si vous envoyez une énergie malfaisante sous la forme de sort ou d'action, elle se retourne non seulement contre vous, mais vous en subissez trois fois les conséquences ! Et si l'on vous a fait délibérément du mal, son auteur en subira également les conséquences tôt ou tard.

POURQUOI ET COMMENT FONCTIONNE LA MAGIE ?

La magie, c'est pas sorcier !

La magie n'offre ni certitudes ni garanties ; même un sorcier expérimenté ne connaît pas la réussite à 100 %. Cependant, il modifie la PROBABILITÉ. Par exemple, si vous voulez gagner au Loto (ce qui est bien compréhensible !), vos chances restent minimes, même si un sort les double (c'est pourquoi vous ne trouverez pas ce genre de sorts dans ce livre). Mais si vous faites partie des trois heureux élus pour une promotion, le doublement de vos chances grâce à un sort augmente sérieusement la perspective de l'obtenir ! La magie met à profit l'ÉNERGIE DE L'UNIVERS. Les plantes, les couleurs, les cristaux et autres accessoires sont utiles, car ils possèdent leur propre énergie magique, mais vous êtes le cœur de tout !

Donc, si un sort ne fonctionne pas, examinez méticuleusement tous les aspects de la situation : le jetiez-vous pour de BONNES RAISONS ou par PUR ÉGOÏSME ? La plante utilisée était-elle saine ou rabougrie, ou faible en énergie magique parce qu'elle poussait près d'une autoroute et était intoxiquée par les gaz d'échappement ? Peut-être devriez-vous changer la couleur des bougies ou enrichir le sort

Pourquoi ça ne marche pas toujours ?

Si votre rituel ou votre sort par les herbes ne fonctionne pas, ce n'est peut-être pas parce que vous l'avez mal réalisé, mais parce qu'il ne vous convient tout simplement pas ! Par exemple, ce n'est peut-être pas le bon moment pour vous de déménager ou d'entamer une nouvelle relation amoureuse...

en demandant la bénédiction d'une *divinité patronne,* comme Éros pour l'amour, Brigit pour la maternité ou Cérès pour la sagesse. Avez-vous tenté plusieurs sorts et ÉPARPILLÉ votre énergie ? Demandez-vous si le sort aurait fonctionné même si vous ne l'aviez pas lancé, simplement parce que votre voisin de palier était déjà sur le point de vous déclarer sa flamme par exemple ; peut-être a-t-il besoin d'un peu de temps pour manifester son efficacité et, pourquoi pas, que votre patron attend votre anniversaire pour vous apprendre la bonne nouvelle de votre promotion.

LA LUNE ET LE SOLEIL

De jour comme de nuit, faites le plein d'énergie !

Le soleil et la lune ont été vénérés depuis que les premiers humains sont apparus sur cette planète. Ils sont opposés et égaux, sans supériorité de l'un par rapport à l'autre, et s'équilibrent parfaitement !

La déesse Lune et le dieu Soleil sont les archétypes des énergies femelle et mâle. Ainsi, même si des DIVINITÉS spécifiques les représentent, « déesse Lune » est souvent appliqué à toutes les divinités féminines et « dieu Soleil » à toutes les divinités masculines.

La déesse Lune

Elle est symbolisée par une lune triple (croissante pour la Jeune fille, pleine pour la Mère et décroissante pour la Vieille femme). Elle est synonyme de BIENVEILLANCE et de purification. Vous pouvez lui demander de vous guider si vous êtes aveuglée par la brume des émotions ou si votre route est encombrée d'obstacles. Rappelez-vous à quel point la lune illumine la nuit la plus obscure !

Le dieu Soleil

Il est habituellement symbolisé par un soleil, ou un simple cercle jaune ou orange. Il distribue de l'énergie et est TONIFIANT. Demandez-lui sa bénédiction quand vous avez le moral dans les chaussettes ou si vous avez besoin d'un supplément d'énergie pour traverser une journée difficile ou achever un projet professionnel...

Conseil de sorcière

Pour puiser l'énergie du dieu Soleil, tournez votre visage vers l'astre sans jamais le regarder directement, et sentez sa chaleur se répandre en vous, physiquement et spirituellement. Hélios, Apollon, Râ et Lugh sont les célèbres dieux du Soleil à prier à ce moment !

LES QUATRE ÉLÉMENTS

Aux sources de la magie...

La terre, l'air, le feu et l'eau sont des piliers de la sorcellerie. Ils constituent quatre des cinq pointes du pentagramme (la cinquième étant l'esprit) et sont invoqués, avant tout rituel, lors de la création d'un cercle d'énergie.

La Terre

Élément féminin, elle est symbolisée par un BOL DE SEL placé au coin nord de l'autel. Le vôtre est trop petit ? Adaptez-vous : ajoutez du sel dans le bol d'eau placé au coin ouest. La terre est intégrée au début du rituel pour symboliser l'équilibre et la valeur nutritive de l'eau et de l'air.

Représentez la terre par une bougie brune ou verte. Son outil magique est le *pentagramme*. Celui-ci peut être brodé sur la nappe de l'autel ou pyrogravé sur un disque de bois. Sa saison est l'AUTOMNE quand mère Nature prodigue la plupart de ses dons.

Dans les rituels, la terre est habituellement représentée par des gerbes de blé et d'orge, et par des pommes de terre. Mais toute forme de VIE VÉGÉTALE fait l'affaire. Profitez de la fraîcheur du matin pour appeler la magie de la terre, c'est le meilleur moment de la journée ! C'est également le moment idéal pour apercevoir, à l'orée de la forêt avoisinante, l'animal qui représente la terre : le CERF majestueux.

Les dieux de la Terre sont Pan, Cernunnos et Adonis ; les déesses sont Déméter, Rhiannon et Cérès.

L'air

Cet élément masculin, placé à l'est, représente le CHANGEMENT. La saison de l'air est le printemps, quand les VENTS CHAUDS apportent l'espoir d'une nouvelle saison de végétation. Ses moments symboliques sont l'aube et le crépuscule. Ses couleurs sont le blanc et le jaune, et son outil est la baguette magique.

L'air est associé à l'INTUITION (essentielle dans tous les aspects de la sorcellerie !) ; vous favoriserez son éveil par des effluves

d'encens purificateur, de bois de santal par exemple, flottant autour de vous avant un rituel ou un sort.

Magie des voyages, sorts destinés à acquérir la connaissance, méditation visant à entrer en contact avec des ancêtres… Tous ces aspects sont reliés à l'air. Les oiseaux sont ses animaux totémiques et ses pierres sont le SABLE et le DIAMANT.

Les *divinités patronnes* de cet élément comptent parmi elles les déesses Arianrhod, Lilith et Aradia et les dieux Mercure et Thot. Aucun aliment ne symbolise l'air, mais des fleurs comestibles peuvent décorer l'autel et être consommées après un rituel.

Le feu

Élément masculin, il est symbolisé par l'*athamé* (couteau rituel dont la lame est forgée au feu) et est placé au COIN SUD de l'autel. Dans les grands rituels, outre la flamme des bougies, des feux de joie sont souvent allumés au sud. Le feu est le symbole de l'équilibre et du CERCLE DE LA VIE. Il procure lumière et chaleur tout en étant une force de mort et de destruction. Son énergie est PURIFIANTE et variable ; sa chaleur améliore les choses, mais il détruit ce qui est vieux et n'a plus de raison d'être. Sa saison est l'ÉTÉ. Ses moments de la journée ? Le midi et le début d'après-midi, quand le soleil est au zénith (le feu est étroitement associé au dieu Soleil) et que la salamandre prend son bain de soleil sur les roches chaudes…

Ses couleurs sont le rouge et l'orange. Il est représenté par les POIVRONS ROUGES et les aliments qui emportent la bouche comme le piment et la moutarde.

Les dieux associés au feu sont des divinités puissantes comme Baal, Loki et Agni. Brigit, Vesta et Pélé sont des déesses du feu.

L'eau

Élément féminin, elle est symbolisée par un bol d'eau placé sur le coin ouest de l'autel. Le CALICE est l'outil magique de l'eau. Cet élément est NETTOYANT et purifiant, apparemment reconnu comme tel depuis que l'eau bénite et les puits sacrés sont apparus dans les antiques rites celtiques et le catholicisme romain, et bien d'autres religions. La saison de l'eau est l'HIVER (après tout la neige, c'est de l'eau !) et sa couleur est le bleu ou le gris.

Une bougie bleue à l'ouest d'une pièce représente l'eau. Le riz, le thon et les algues sont ses aliments symboliques et le SAPHIR est sa pierre. Cet élément est souvent sollicité dans les sorts visant la stabilité émotionnelle, pour adoucir les deuils, pour ses vertus nettoyantes et curatives.

Les divinités de l'eau sont généralement puissantes et certaines peuvent être assez destructrices. Parmi les plus bienveillantes, Lir, Neptune et Poséidon, et les déesses Boann, Venelia et Latis.

Une déco avec les quatre éléments

Des fleurs de potiron flottant dans un bol d'eau sont une merveilleuse décoration d'autel. L'eau représente son propre élément, les fleurs sont associées à l'air, la couleur orange au feu et la plante elle-même représente la terre ; les quatre éléments sont donc rassemblés !

LA MYTHOLOGIE DANS LA MAGIE

Les contes et légendes, ce n'est pas que pour les enfants !

La wicca est une pratique récente de la sorcellerie. Dans cette discipline, les récits mythologiques et de l'Antiquité sont très instructifs en matière d'éthique, d'histoire, d'émotions et de gestion des situations difficiles.

De merveilleux récits mythologiques nous viennent du monde entier et tous les étudiants en sorcellerie devraient s'intéresser à d'autres cultures que la leur ! Non seulement les histoires anciennes sont des mannes en matière d'ÉTHIQUE, de sagesse, etc., mais elles renseignent aussi sur les personnages et les lieux magiques. Beaucoup d'entre eux ont pour héros des sorcières et des magiciens (Merlin, ça vous rappelle quelqu'un ?).

La mythologie peut intervenir directement dans les sorts et les rituels. Il est souvent fait mention d'herbes, de couleurs et de cristaux…

Dian Cécht, antique dieu guérisseur irlandais

Il soignait les Tuatha De Danann après les batailles à l'aide de grande camomille (matricaire) infusée dans de l'eau puisée aux SOURCES SACRÉES. L'eau de ces sources est encore considérée comme curative, tant par les praticiens de médecines alternatives que par les sorcières.

Pour les Égyptiens de l'antiquité

La couleur était pour eux fondamentale. OSIRIS était représenté avec une peau verte, symbole de sa fertilité et de prospérité, et

SETH, dieu de la virilité et gardien du feu, avait les cheveux et les yeux rouges – pour les mêmes raisons que nous utilisons ces couleurs dans la magie contemporaine.

Dans les cérémonies de la wicca

Nombre de cérémonies d'initiation de la wicca font référence à un passage par le monde souterrain (le monde de la mort et des fantômes) et une renaissance. Ainsi, l'histoire du PHÉNIX peut être racontée autour d'un feu de joie, ou celles d'ORPHÉE ou de Perséphone, avec l'initié dans le rôle du héros (un peu d'imagination, voyons !).

La mythologie joue aussi un rôle dans les célébrations saisonnières, appelées *Sabbats*. Par exemple, la Reine de Mai – symbole du printemps, de l'énergie et de l'innocence – est couronnée pendant le Sabbat de Beltaine, le 1er mai.

Conseil de sorcière

Cela vaut toujours la peine de vous intéresser à l'histoire et à la mythologie locale de la région dans laquelle vous pratiquez la magie. Il est alors plus facile de puiser l'énergie de mère Nature et d'avoir un contact bénéfique avec les esprits du coin !

LES DIFFÉRENTS COURANTS PAÏENS

La magie a plusieurs écoles. . .

La sorcellerie n'est pas une religion ! C'est un art qui fait appel à la magie, mais qui fonctionne également avec le pouvoir des plantes et des cristaux, la médecine alternative, l'astrologie, la mythologie et autres méthodes divinatoires. Inutile d'être *païen* pour être sorcier !

Le PAGANISME est un terme qui englobe différentes démarches spirituelles et religieuses qui se rapportent à la Terre. Beaucoup découlent de croyances préchrétiennes. Les principales sont l'asatru, le chamanisme, le druidisme, la hedgewitchery, le vaudou et la wicca.

Halte aux idées reçues !

La wicca se rapproche fortement de l'idée hollywoodienne du paganisme, mais les deux sont en réalité très éloignés. Si vous avez choisi ce livre parce que vous souhaitez léviter et frapper vos ennemis avec la foudre, vous allez être déçue !

La wicca

Elle est de loin la plus connue et la plus POPULAIRE de ces courants *païens* ! De multiples traditions ont évolué au sein de la wicca (voir pages suivantes), basées sur des pratiques différentes et vénérant des divinités de cultures diverses, de celtique à égyptienne antique. Elles ont toutefois en commun le *coven*, dirigé par une *grande prêtresse*, et différents stades d'initiation. Les assemblées (voir pages 182 à 192) sont appelées *Esbats* (pour les rituels de pleine lune) et *Sabbats* (pour les grandes fêtes). Si elles changent selon les saisons, elles restent assez similaires.

pour échanger leurs expériences. Une grande partie de la pratique spirituelle consiste à voyager vers d'autres plans d'existence, tels que le *plan astral*, par l'introspection, la MÉDITATION et le travail avec des animaux totémiques. Il est généralement, mais pas toujours, associé à des cultures exotiques, de Sibérie et diverses régions d'Afrique.

L'asatru

Elle fait référence aux divinités nordiques comme Odin, Freya et Thor. Elle présente des similitudes avec le druidisme, mais les Asatruars ont une inclination plus guerrière, quoique non violente, dans leurs conceptions et leur autonomie. L'accent est mis sur l'HONNEUR et la LOYAUTÉ. Les groupes d'Asatruars travaillant ensemble constitue ce qu'ils appellent un « foyer ».

Le chamanisme

Moins soumis à des règles et des traditions que les autres, les adeptes du chamanisme sont souvent des SOLITAIRES qui se rencontrent de temps à autre

Le druidisme

Voie celtique, il est basée sur les pratiques et croyances préchrétiennes des anciens habitants des îles britanniques. Le druidisme est plus orienté vers la pratique EN EXTÉRIEUR que la wicca et insiste davantage sur la connaissance de la MYTHOLOGIE CELTIQUE. On considère que l'élément mâle y prédomine. Mais bien qu'il semble attirer plus d'hommes que de femmes, il est dénué de préjugés !

La *hedgewitchery*

Parfois appelée « sorcellerie de cuisine », cette pratique est probablement la plus proche du type de SORCELLERIE MÉDIÉVALE dite de la « Femme sage ».

Ce courant n'a pas des contours clairement définis, mais c'est précisément ce qui fait son succès !

Les adeptes cherchent essentiellement la CONNAISSANCE dans différentes traditions, les ancêtres et les personnes proches de l'énergie locale, comme les paysans et les anciens. Le plus souvent, ils se soucient peu des aspects rituels, tels que la création de cercles et le port de robes. Si quelques-uns vénèrent des divinités spécifiques, beaucoup croient simplement en un pouvoir suprême ; pour eux « Tout est magie et la magie est dans tout ! »... Ce courant est idéal pour les NÉOPHYTES qui explorent encore différentes formes de travail et convient parfaitement au sorcier solitaire !

Le vaudou

Il est plus sombre que d'autres courants *païens* et fait parfois appel à des sacrifices d'animaux ! Il appelle également au culte des SAINTS catholiques romains. Les premiers adeptes arrivèrent d'Afrique aux Caraïbes comme esclaves.

LES TRADITIONS WICCANES

La wicca, grosso modo, c'est quoi ?

Au sein de la wicca, il existe plusieurs courants, influencés par des axes différents et des pratiques variées. Certains sont plus traditionnels que d'autres, plus contraignants ou, au contraire, tolérants…

La tradition gardnérienne

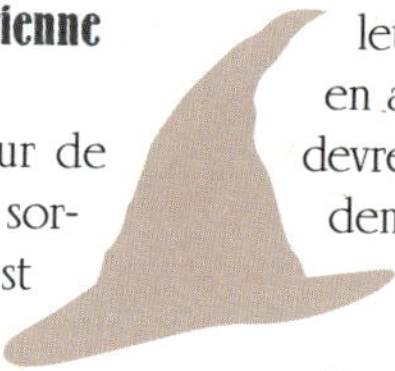

Gerald Gardner, auteur de *Witchcraft Today* (« La sorcellerie aujourd'hui ») est le fondateur de la wicca moderne. Le courant qui porte son nom est extrêmement TRADITIONNEL, avec une structure hiérarchique en trois degrés et l'obligation d'être *vêtu de ciel* (c'est-à-dire nu) pour les rituels.

Tous les membres d'un *coven* gardnérien doivent prêter serment de SECRET, soit promettre de ne pas révéler d'informations concernant les autres membres du coven ou les rituels. Les Wiccans gardnériens ne font pas la promotion de leur *coven* et, quand vous en aurez découvert un, vous devrez peut-être faire plusieurs demandes d'adhésion avant qu'on ne vous invite.

La tradition alexandrienne

Alex Sanders était un célèbre Wiccan dans les années 1960. Il réforma la wicca gardnérienne pour la mettre plus en phase avec la CULTURE HIPPY de l'époque, même si cette version n'est pas édulcorée. En effet, la wicca alexandrienne est plutôt davantage éclectique et libérale. Par exemple, les membres du *coven* ont toute latitude de vénérer des divinités de divers *panthéons* et des nouveaux membres peuvent être admis pour assister à des rituels. La nudité n'est généralement exigée que pour les rites d'initiation. Si la CONFIDENTIALITÉ est de mise, aucun serment de secret n'est prononcé.

La tradition celtique

La tradition celtique, voie choisie dans ce livre, est basée sur les pratiques des peuples celtes préchrétiens des ÎLES BRITANNIQUES et d'Europe, sachant que beaucoup de choses de cette époque nous sont mal connues ou sont inadaptées à un culte moderne. Ces pratiques sont mêlées à des éléments des traditions alexandrienne et druidique. Si certains rituels, ou parties de rituels, sont toujours les mêmes, une part importante de la tradition celte est ADAPTABLE à la saison et aux goûts et croyances des membres du *coven*.

Cette tradition se réfère à la Terre et à la nature et a une grande force dans les aspects religieux de la wicca.

La tradition dianique

Cette version féminine de la wicca remonte aux années 1920 et elle est due à l'anthropologue Margaret Murray. Elle est un mélange de plusieurs traditions, mais est orientée vers la spiritualité féminine et les déesses, notamment Diane. La majorité des *covens* dianiques acceptent les hommes comme les femmes, mais ils se concentrent sur le CULTE DES DÉESSES. Cependant, certains n'acceptent que les femmes car leurs membres considèrent que les hommes opprimeraient la spiritualité féminine (ça prête à réflexion !).

LES OUTILS DE LA MAGIE

Mettre les mains dans le cambouis !

Avant d'aller plus loin, dites-vous une fois pour toutes que les outils, les herbes, les bougies, les pierres et *tutti quanti* ne sont pas indispensables à la magie. Ce qui compte est votre propre énergie et la puissance de votre esprit, ainsi que la bénédiction des divinités et des esprits. Cependant, vous réussirez plus facilement les sorts avec ces ingrédients… et ce sont des objets qu'il est toujours utile de posséder !

DANS CE CHAPITRE, VOUS TROUVEREZ :

- tous les accessoires utiles aux sorts et aux rituels avec des solutions de substitution pour les articles rares ou spécialisés...
- tous les conseils pour adapter votre magie et vos sorts : vous serez ainsi sur la bonne voie pour écrire votre Petit manuel de gentils sorts personnel!

Les bougies

Les chandelles et les bougies à la CIRE D'ABEILLE sont évidemment parfaites, mais des bougies blanches toutes simples feront très bien votre affaire. Vous modifierez la couleur avec des crayons de couleur ou attacherez un ruban de la couleur voulue pour le sort à la base de la bougie ; l'énergie de cette couleur lui sera ainsi transmise. Pourquoi se compliquer la vie inutilement ?

Les huiles essentielles

Elles servent souvent à OINDRE d'autres accessoires, comme les bougies ou les vêtements. Si vous ne pouvez pas vous procurer l'huile essentielle voulue, revenez aux bases : au lieu de tamponner vos vêtements d'huile essentielle de clou de girofle, piquez un clou dedans ! Autre ASTUCE dans la même veine : pour imprégner une bougie, frottez-la avec une feuille de basilic qui remplacera l'huile essentielle !

Dans certains cas cependant, l'huile est nécessaire. La confection d'une huile essentielle est compliquée, mais une huile infusée est à la portée de tous ! Choisissez comme support une substance tout simple, comme de l'huile d'AMANDE DOUCE ou d'OLIVE. Versez-la dans une petite bouteille, ajoutez la plante voulue et laissez-la infuser pendant un mois lunaire.

Les outils magiques

Ils sont souvent donnés aux membres du *coven* lors d'initiations ou de *Sabbats*. De ce fait, les sorciers solitaires n'ont pas cette opportunité… Ne vous compliquez pas la vie : vous pouvez les acheter à bon prix dans les CONVENTIONS de sorcellerie ou sur Internet, ou les trouver dans des boutiques profanes, non spécialisées. Les HERBES SÉCHÉES ne sont pas idéales mais parfois plus faciles à trouver et à utiliser que les herbes fraîches si vous faites rarement appel à la magie des plantes.

Autrement, joignez l'utile à l'agréable et cultivez-les sur un rebord de fenêtre.

Pour les CHAUDRONS, faites un tour dans votre jardinerie ou dans les magasins de matériel de cuisine ! Vous trouverez un BALAI de brindilles tout à fait convenable dans une quincaillerie ! En matière de ROBE, recherchez une chemise de nuit à l'ancienne, blanc uni ou violet uni (la couleur de la science occulte), ou de votre couleur préférée ! Dans l'idéal, elle devrait être en tissu naturel, coton ou laine ; vous la broderez de *sigils,* de votre nom magique ou de noms de divinités... La créativité est la bienvenue !

Œil-de-triton et sang-de-dragon !

Pas de panique ! Inutile de partir à la chasse aux reptiles ou d'implorer Saint Georges pour obtenir du sang de dragon... Nombre d'ingrédients apparemment rares ou inaccessibles sont beaucoup plus faciles à trouver que vous ne l'imaginez !

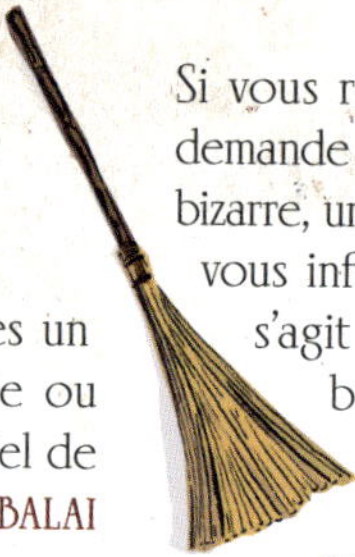

Si vous rencontrez un sort qui demande un ingrédient insolite et bizarre, une recherche sur Internet vous informera rapidement s'il s'agit de quelque chose de banal. Par exemple, le sang-de-dragon est en réalité une RÉSINE DE PALMIER utilisée pour l'écriture magique ; on ne la trouve que dans les boutiques spécialisées dans l'occultisme, mais vous pouvez la remplacer par de l'encre violette ou de l'encre ordinaire, que vous chargerez d'énergie en l'exposant à la lune pendant une nuit et au soleil pendant une journée !

L'œil-de-triton est simplement de la graine de MOUTARDE et les ailes de chauve-souris, des feuilles de HOUX. Une petite promenade dans les bois vous permettra sans doute de vous en procurer, et vous fera en outre le plus grand bien !

Conseil de sorcière

Pourquoi les traditions sont-elles devenues des traditions, existant parfois depuis des siècles ? Parce qu'on sait qu'elles fonctionnent ! Mais n'hésitez pas à emprunter une autre voie, si elle marche pour vous. Par exemple, le rose est la couleur traditionnelle de l'amour romantique, mais si vous avez toujours associé le vert pâle à l'amour, parce que votre premier amoureux vous avait offert un foulard vert pâle, par exemple, faites plutôt appel à cette couleur dans vos sorts destinés à rencontrer l'élu de votre cœur.

Quand tout le reste a échoué

Si vous ne pouvez vraiment pas trouver la couleur de bougie adéquate ou confectionner l'huile parfumée indispensable, ou si vous n'êtes simplement pas sûre de ce qui est demandé, ne vous arrachez pas les cheveux… Optez pour la SIMPLICITÉ et la NEUTRALITÉ, qui sera de l'énergie pure – impossible de vous tromper !

Le BLANC est une couleur toujours bénéfique, c'est pourquoi les nouveaux membres de la plupart des *covens* en portent. Si vous avez le moindre doute, utilisez des bougies blanches.

Opter aussi pour une HUILE DE MASSAGE non parfumée fonctionnera toujours, même si elle est moins puissante qu'une huile spécifique. Pour vous oindre, il vous suffit d'imprégner votre baguette (ou autre matériel).

FABRIQUEZ VOUS-MÊME VOS OUTILS

De l'huile de coude pour du fait maison !

Ayez quelques accessoires magiques maison ! Certains sont même plus faciles à fabriquer qu'à acheter et d'autres sont beaucoup moins chers. Voici quelques recettes faciles, même pour celles qui ont deux mains gauches !

La baguette et le bâton du sorcier

Partez en promenade dans la campagne et cherchez un rameau de votre ARBRE DE PRÉDILECTION pour en faire une baguette ou un bâton ! L'aubépine, le noisetier, le chêne et le frêne sont des arbres traditionnels, mais si un autre arbre vous attire, il est le bon.

Les branches des FÉES (un rameau entouré d'un autre, en spirale) sont particulièrement puissantes et idéales pour toutes les magies spirituelles et protectrices. Il est superflu de tailler ou sculpter la branche, sauf si vous vous sentez un don particulier ; assurez-vous simplement qu'elle est bien sèche.

Votre magie n'est pas celle du voisin !

Rappelez-vous que la magie repose pour beaucoup sur l'énergie. En confectionnant vos propres ingrédients, vous leur insufflez votre personnalité et votre énergie personnelle. Vous augmentez ainsi leur pouvoir quand vous les employez à toute fin magique.

La longueur d'une BAGUETTE correspond habituellement à celle de votre avant-bras, du poignet au coude, et un bâton devrait être à peu près aussi grand que vous.

La robe

1. Pour une robe simple, prenez vos mesures de la cheville à l'épaule.

2. Procurez-vous un morceau de tissu du double de cette longueur et de la largeur de vos bras étendus, de poignet à poignet. Privilégiez un TISSU BLANC, le meilleur car chargé d'énergie pure.

3. Pliez le tissu en deux dans le sens de la longueur et découpez un trou au milieu pour passer la tête. Choisissez un CORDON VIOLET (pour la science occulte) ou de votre couleur préférée pour le serrer à la taille. Si vous avez le souci du détail (ou le souci de l'élégance !), reprenez un peu les côtés et la taille…

4. Enfin, dessinez des *sigils* magiques ou un *pentagramme*, avec de la peinture pour tissu.

L'eau bénite

L'eau bénite wiccane, qui purifie et bénit les accessoires, est facile à préparer ! Laissez un récipient d'eau de source exposé à la PLEINE LUNE. Il sera ainsi soumis aux déesses lunaires Artémis, Diane, Coyolxauhqui et, évidemment, Luna.

Le pentagramme

Dessinez un *pentagramme* sur une assiette de couleur unie, avec un marqueur de couleur. Pour un surplus d'énergie magique, remplacez cette opération en saupoudrant une HERBE IDOINE en forme de pentagramme : le girofle pour combattre les ondes négatives, la menthe poivrée pour apaiser une situation et la cannelle pour l'amour !

Les bougies

Des kits de fabrication de bougies sont en vente dans les boutiques de loisirs créatifs. Les fabricants suggèrent souvent de faire fondre des restes de bougies usagées, mais ne mélangez pas les genres : n'utilisez pas pour un second sort des bougies qui ont déjà participé au premier ! Les ÉNERGIES MAGIQUES entreraient en conflit. La confection de vos bougies personnelles est idéale pour associer les couleurs de votre choix. Par exemple, pour prendre les BONNES DÉCISIONS en matière d'argent et de carrière, confectionnez une bougie verte au centre, pour la prospérité, et bleue à l'extérieur, pour la sagesse.

Les porte-encens et les bougeoirs

La pâte à modeler fournit d'excellents supports pour fixer les bâtonnets d'encens. Elle a aussi l'avantage d'exister en une multitude de coloris !

Pour un support votif, évidez un FRUIT ou un LÉGUME convenant à votre magie (une orange pour la justice et pour symboliser le dieu Soleil, une pomme rouge pour l'amour, une pomme jaune pour l'amitié…) et insérez-y la bougie.

OUTILS UTILISÉS, BONS À JETER ?

L'art d'accommoder les restes !

Une fois le sort jeté, il arrive que des ingrédients ne soient pas consommés en conséquence. Vous ne pouvez pas laisser brûler une bougie sans surveillance et vous devez l'éteindre pour partir à votre rendez-vous (l'intervention des pompiers n'a rien de magique !). Que faire alors des ingrédients ?

À chaque sort, son outil

Surtout, ne réutilisez pas les mêmes ingrédients D'UN SORT À L'AUTRE ! Vous pouvez utiliser la même bougie ou la même herbe pour le même sort encore et encore, mais jamais pour un autre. Les énergies entreraient en conflit et le résultat serait nul, ou inattendu (vous n'avez pas envie de courir le risque, n'est-ce pas ?).

Les exceptions à la règle

Les cartes de TAROT et les PIERRES échappent à cette règle. Pour les purifier, plongez-les dans du gros sel et passez-les au-dessus de la flamme d'une bougie blanche. Bénissez-les avec de l'eau bénite et exposez-les un moment à la pleine lune, puis au PLEIN SOLEIL. Cependant, essayez de ne pas utiliser à nouveau ces ingrédients majeurs pendant un mois lunaire au moins, pour laisser reposer les choses !

Dans les jupes de mère Nature

La meilleure fin pour les ingrédients mineurs tels que les herbes, les bougies et les tissus est le retour à la nature. Enterrez un reste de bougie ou jetez l'herbe dans une RIVIÈRE en remerciant la divinité appropriée (Vénus pour l'amour, Cernunnos pour la force intérieure, Diane pour la magie en lien avec les animaux…).

Sinon, vous pouvez destiner ces ingrédients à des fins PROFANES ; ce que vous ferez avec se teintera

Conseils de sorcière

Plusieurs sorts et/ou rituels et méditations sont fournis pour la plupart des thèmes abordés dans ce livre. Pour les sujets les plus couramment traités, comme la recherche de l'amour ou de l'argent, plusieurs solutions peuvent viser au même but, ou proche. Cela ne signifie pas que vous devez toutes les appliquer, attention à l'indigestion ! Il est généralement préférable de se concentrer sur un sort à la fois.

À moins d'indication particulière, la plupart des sorts devraient montrer des signes de réussite dans un délai d'un mois lunaire (28 jours). Si votre sort ne fonctionne pas, attendez au moins un mois avant d'en essayer un autre. De même, ne pratiquez pas trop de sorts le même jour. Non seulement vous serez épuisée, mais aucune magie ne fonctionnera bien !

Le nombre de sorts réalisables dépend de leur difficulté, de votre expérience et de votre capacité à reconstituer votre énergie. En règle générale, pratiquez un sort par jour la première année de pratique de la magie, deux la seconde année, et trois à partir de la troisième.

de magie ! Ainsi, des grains de poivre employés pour un sort jeté à un mauvais voisin relèveront une recette et l'imprégneront d'énergie magique ; brûlez la bougie rouge d'un sort d'amour quand vous invitez votre amoureux(se) à dîner. Et ajoutez-en donc une autre pour un dîner très réussi !

MAGIE ET TECHNOLOGIE MODERNE

Progrès technique, quand tu nous tiens. . .

Les sorciers sont friands de technologie ! Saviez-vous que nombre d'entre eux tiennent leur *Livre des Ombres* en ligne pour faciliter leurs recherches et le partage avec les autres ?

Au moment du développement d'Internet, il existait plus de sites wiccans et *païens* que pour n'importe quelle autre pratique spirituelle ! Aujourd'hui, des membres de mêmes groupes magiques en ligne s'organisent pour pratiquer la magie SIMULTANÉMENT – même des rituels pour la Journée de la Terre ou pour mettre fin à une guerre – le principe étant de rassembler toute leur énergie magique. L'union fait la force !

Utilisez votre téléphone portable !

Le téléphone portable peut servir à la magie ! Vous pouvez programmer des ALARMES pour la pleine lune, vous envoyer des messages qui favorisent la PENSÉE POSITIVE ou l'ordonnancement cosmique… Par exemple, si vous manquez d'assurance dans un nouveau travail, programmez l'envoi d'un MESSAGE tous les matins avant votre départ, vous disant « Je suis compétente et vouée à réussir. Je mérite ce poste et je vais impressionner tout le monde ! ». Et n'est-ce pas la stricte vérité ?

Choisissez comme SONNERIE une chanson ou une incantation magique par un groupe wiccan qui vous rappellera votre spiritualité, et protégez votre téléphone avec un ÉTUI COLORÉ (bleu pour protéger votre santé et celle du téléphone ou vert pour la prospérité).

Une protection magique pour votre ordinateur !

Avant de créer des fichiers pour conserver des sorts, frottez votre ordinateur avec de la sauge séchée et gardez une AMÉTHYSTE à côté : elle absorbera les ondes négatives et évitera la panne ! Quand la pierre fonce ou pâlit, enfouissez-la dans du gros sel pendant un mois lunaire. Exposez-la ensuite à la lumière de la lune pendant une nuit et à celle du soleil pendant une journée avant de la réutiliser. Pour ma part, j'ai toujours une améthyste en usage et une autre en charge…

TROUVEZ VOTRE NOM DE SORCIÈRE

Hermione, Samantha, et moi et moi et moi…

Il n'est pas indispensable d'avoir un nom magique pour être une sorcière, mais il vous aidera à faire la distinction entre votre « moi » profane, qui vaque à ses activités quotidiennes, et votre « moi » magique, qui médite et pratique des rituels.

Les méthodes pour chercher un nom

Il y a diverses façons de s'y prendre… Certaines personnes savent d'emblée celui qui leur convient, peut-être après l'avoir rencontré dans un LIVRE traitant de la wicca ou de mythologie, ou après avoir discuté avec d'autres Wiccans. D'autres MÉDITENT longuement (voir pages 152 à 162) et demandent aux divinités, aux esprits ou aux ancêtres de les guider, puis sentent qu'on leur « donne » un nom. Autrement, vous pouvez faire appel à la NUMÉROLOGIE de votre date de naissance ou de votre nom profane pour trouver votre nom

magique. Enfin, si vous avez une présélection de quelques noms que vous aimez, demandez aux cartes de TAROT ou au PENDULE de vous guider !

Comment choisir son nom de sorcière ?

C'est simple : prenez celui qui vous plaît ! Certains sorciers choisissent le nom d'une divinité, mais cela me semble irrespectueux. Vous ne pourrez jamais atteindre le niveau de certains noms (un chrétien se baptiserait-il « Dieu » ?).

De nombreux sorciers choisissent un héros de la MYTHOLOGIE ou un prénom qui a pour eux une signification spéciale, comme « Ursula » qui signifie « femelle de l'ours ».

D'autres cherchent dans leur PATRIMOINE et choisissent un nom dans la langue de leurs ANCÊTRES, ou associent deux ou trois éléments favoris tels qu'une couleur et une plante, ou une saison, un arbre et un cristal.

D'autres encore prennent comme nom magique celui de leur ANIMAL TOTÉMIQUE ou d'un proche récemment disparu...

Absolument rien ne vous empêche de fabriquer vous-même un nom (une suite de lettres qui compose un son agréable) ni d'en CHANGER ultérieurement, quand un événement majeur de la vie ou une initiation aura modifié votre voie spirituelle, ou simplement si vous considérerez par la suite que le premier nom choisi ne vous correspond plus.

Les noms de sorciers à l'origine

Dans le passé, quand les sorciers étaient persécutés, leur nom magique ne leur servait pas uniquement à entrer en contact avec les divinités. Il les protégeait également contre la chasse aux sorcières et, peut-être, la condamnation à mort. En effet, personne ne connaissait leur vrai nom, pas même les membres du coven, et ne risquait ainsi pas de les trahir, même sous la torture !

ADAPTER LES SORTS

Des sorts sur mesure !

Chacun possède une énergie magique qui lui est propre. La magie a de merveilleux sa capacité d'adaptation ! Pensez toujours à adapter le sort que vous voulez réaliser à vos besoins et compétences personnelles.

Quand vous aurez un peu d'expérience, l'adaptation des sorts sera un TREMPLIN vers la création et la rédaction de votre propre manuel de magie. Le premier pas vers un grand destin de sorcière !

Faites avec les moyens du bord !

L'adaptation de la magie relève totalement de votre inspiration. Si un sort demande de tracer un cercle magique avec une baguette, vous pouvez le créer tout simplement avec vos mains, ou IMPROVISER une baguette avec une jolie branche de chêne, ou lier deux brins d'herbe avec un fil de la couleur adéquate.

Choisissez la couleur et les herbes qui vous parlent

Si vous sentez qu'une correspondance de couleur est fausse, livrez-vous à une MÉDITATION simple et visualisez la couleur. Par exemple, si le vert, qui représente traditionnellement la prospérité, ne vous semble pas adapté, imaginez une BOULE D'ÉNERGIE verte dansant devant vous. Comment la ressentez-vous ? Observez plus attentivement la boule d'énergie. Que voyez-vous dedans ? Peut-être verrez-vous des objets ou des événements de votre PASSÉ qui expliquent pourquoi le vert ne représente pas la prospérité à vos yeux, mais l'amour ou tout autre chose.

Si une herbe ne vous semble pas le bon ingrédient dans un sort, retournez-vous vers le passé et cherchez si vous l'associez à un événement de votre vie. Recherchez également sa mythologie dans DIVERSES CULTURES, notamment si vous vous sentez attirée par un *panthéon* spécifique, car les herbes et les couleurs font souvent l'objet d'interprétations différentes. En bref, fiez-vous à votre SENSIBILITÉ.

Conseil de sorcière

Pour vous former à la magie et cerner vos préférences personnelles, cherchez des sorts sur Internet et adaptez-les de façon à ce qu'ils fonctionnent pour vous, ou de la façon dont vous estimez qu'ils devraient fonctionner. Inutile de multiplier les expériences à l'infini ! Vous pouvez vous contenter de tests stupides, excessifs ; c'est essentiellement un exercice qui vous aidera à trouver votre propre voie.

Fabriquez un talisman magique !

Au lieu de réaliser un sort, vous pouvez incorporer les ingrédients directement dans un TALISMAN. Si vous le portez sur vous ou l'emportez partout, son énergie magique devrait rester plus forte plus longtemps. Si vous possédez déjà, par exemple, un TRÈFLE à quatre feuilles ou une monnaie à laquelle vous tenez, vous leur insufflerez un supplément de magie en les conservant dans une pochette colorée. À toute fin utile, sachez notamment qu'une pièce de monnaie porte-bonheur dans une pochette verte appellera la prospérité.

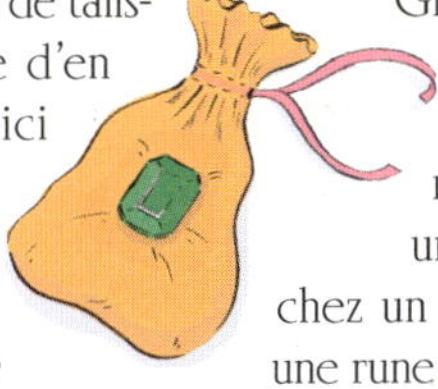

Si vous n'avez pas encore de talisman, il est assez simple d'en confectionner un. Voici deux suggestions :

1. Procurez-vous une POCHETTE de la couleur adéquate, ou cantonnez-vous au blanc, toujours favorable à l'énergie (et toujours élégant !). Dedans, placez des pierres et/ou des herbes convenant à votre objectif, ainsi qu'un symbole de ce que vous souhaitez réussir. Exposez la pochette au soleil pendant une journée et à la lune pendant une nuit. Enfin, gardez ce talisman à l'endroit où il sera le plus utile, par exemple sous le canapé du salon pour vous protéger des disputes familiales.

2. Trouvez un disque en bois percé ou un MÉDAILLON que vous emplirez d'une fine couche de cire colorée de la teinte voulue. Gravez dans la CIRE un symbole représentant votre intention magique ; par exemple, une maison si vous cherchez un nouveau domicile, ou une rune ou une lettre sanskrite. Personnalisez encore plus si vous le souhaitez : créez vos propres *sigils,* en composant un symbole abstrait avec toutes les VOYELLES du mot qui désigne votre objectif (les A, O et U d'amour, par exemple).

Tous les jours, faites un nœud à un cordon ou à un ruban de la couleur consacrée tout en visualisant le but du sort. À la fin de la semaine, enfilez l'AMULETTE sur le cordon ou le ruban et portez-le à même la peau.

CRÉEZ VOS PROPRES SORTS

Baguette, balai, chaudron et stylo !

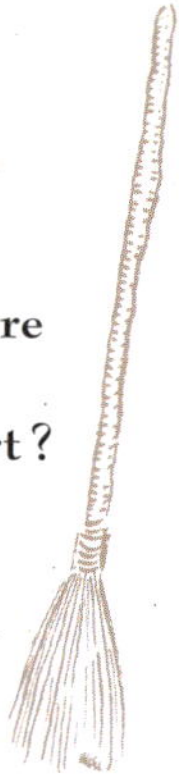

La magie semble parfois une solution de facilité quand l'alternative est de travailler dur pour atteindre un résultat. Réfléchissez bien et ne vous racontez pas d'histoires… Avez-vous vraiment besoin d'un sort ?

S'il peut être tentant de faire appel à un sort qui prend dix minutes plutôt que d'étudier pendant des heures, rappelez-vous qu'en réalité, la bonne préparation d'un sort demande beaucoup de temps et d'ÉNERGIE SPIRITUELLE et mentale (voir page 159). Face à cette réalité, faites preuve de discernement et ne vous tournez pas vers la magie pour n'importe quel petit problème !

Choisir et affiner votre demande

Vous avez un problème de santé, vous croulez sous les dettes, vous voulez pimenter votre vie sexuelle… Après réflexion, vous êtes convaincue que la magie est la meilleure option et vous savez quel type de sort vous voulez réaliser. Maintenant, il est impératif de préciser votre intention. Si ce sont vos dettes que vous voulez régler par magie, souhaitez-vous qu'elles fondent comme neige au soleil, ce qui exige un sort bien précis, ou voulez-vous plutôt obtenir une augmentation de salaire, grâce à un sort moins spécifique ? Avez-vous dans l'esprit un sort qui attire l'argent en général ? Avoir les IDÉES CLAIRES est un premier pas vers la magie !

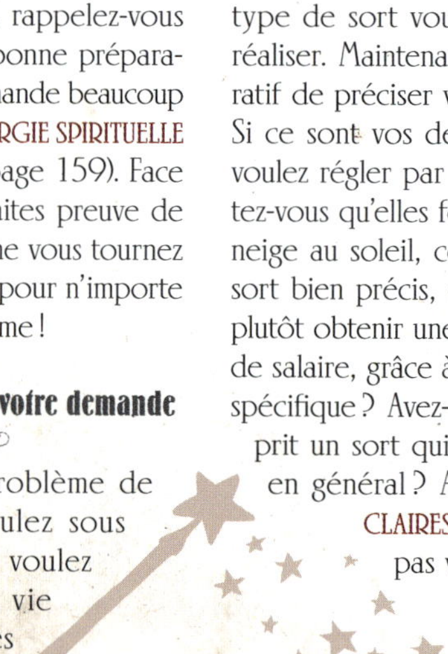

Quel est le bon moment?

La magie est puissante et un sort sera toujours chargé en l'énergie, mais il fonctionnera mieux si vous choisissez un moment favorable ! Il n'y a pas de RÈGLE ABSOLUE en la matière… Vous pouvez par exemple décider que le vendredi est le meilleur jour pour réaliser un sort d'amour, car il est dédié à Vénus : cela est donc le moment traditionnel du travail de magie sur l'amour. Mais si vous essayez d'attirer quelqu'un dans vos filets, vous pouvez aussi choisir le dimanche, jour du dieu Soleil et propice au travail sur les énergies masculines. Les tableaux d'associations magiques à la fin du livre vous indiquent les MEILLEURS MOMENTS pour réaliser vos sorts. Prenez-en de la graine !

Les phases de la lune

La phase de la lune est probablement le facteur le plus important pour bien choisir un moment consacré à la magie, qu'il s'agisse de sorts ou de rituels, et même de certaines méditations (voir le calendrier lunaire pages 210 à 217). La lune symbolise la déesse mère et, avec le soleil, elle maintient l'ÉQUILIBRE du ciel. Nous savons tous qu'elle exerce une attraction gravitationnelle sur la Terre, cause du phénomène des marées et des changements de comportement chez les humains… Apparemment, les services de réclamation ont plus de clients aux alentours de la pleine lune et le nombre des naissances augmente !

Les *covens* wiccas ont lieu habituellement une fois par mois à la pleine lune et programment des cérémonies, telles que des initiations ou des mariages, en lune bleue, c'est-à-dire lorsque la pleine lune apparaît à deux reprises dans un mois calendaire.

La lune a quatre PHASES PRIMAIRES – nouvelle, croissante, pleine et décroissante – et plusieurs phases secondaires, tels que les quartiers de lune et la lune gibbeuse. En ce qui concerne la magie, seules les quatre phases primaires sont importantes. Cela dit, si vous avez écrit un sort que vous pensiez parfait mais qui ne fonctionne finalement pas aussi bien que voulu, essayez de le réaliser vers la fin d'une lune croissante plutôt qu'au début, ou procédez à de légers réglages horaire. Choisissez par exemple l'AUBE plutôt que le courant de la matinée (les couche-tard n'ont qu'à bien se tenir !). Notez aussi que, pour les sorciers, la nouvelle et la pleine lune ne se cantonnent pas à l'unique nuit signifiée par l'astronomie, mais s'étendent sur les DEUX OU TROIS NUITS que durent ces phases.

Conseil de sorcière

Vous vous emmêlez les pinceaux entre la lune croissante et la lune décroissante ? Voici une astuce pour ne plus les confondre ! Rappelez-vous le triple symbole de la lune : le croissant de lune sur la gauche représente la Jeune fille, la pleine lune symbolise la Mère et la lune décroissante, avec le croissant sur la droite, représente la Vieille femme.

La nouvelle lune

Pendant deux ou trois nuits au cours de chaque cycle, la lune est INVISIBLE dans le ciel. C'est alors la nouvelle lune régie par la déesse Jeune fille. L'apparition d'un nouveau croissant est célébrée comme un retour de la lune

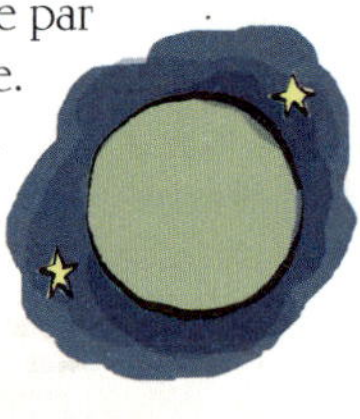

après la mort. Par conséquent, le moment est particulièrement bon pour les NOUVEAUX DÉPARTS et pour lancer des projets à long terme. Les sorts à privilégier lors de cette phase sont ceux qui vous aident à tracer une nouvelle voie spirituelle, à favoriser une nouvelle relation et à lier de nouvelles amitiés. La magie de la FÉCONDITÉ est également favorisée.

La lune croissante

La phase comprise entre la nouvelle et la pleine lune est la lune croissante. On l'appelle parfois la « lune de la main droite » car sa forme rappelle celle que fait votre pouce en opposition à votre index de la main droite. Elle est la phase de la MAGIE POSITIVE. Les sorts à privilégier sont ceux qui vous permettent de gagner de l'argent ou de trouver l'amour, et d'améliorer votre santé. C'est aussi une période favorable pour la magie visant à une promotion dans le travail.

La pleine lune

La lune est toute ronde dans le ciel pendant deux ou trois nuits au cours de chaque cycle. Cette pleine lune est régie par la déesse Mère. C'est à ce moment que le pouvoir de la lune est le plus fort et c'est une période d'abondance et d'ACCOMPLISSEMENT. Le moment est idéal pour poser les dernières touches à un projet ou pour achever un projet à long terme. Jetez alors des sorts de bénédiction d'une maison, d'un nouvel outil magique ou d'une relation. C'est aussi le moment de remercier pour les sorts qui ont été couronnés de succès.

La lune décroissante

Cette phase, entre la pleine et la nouvelle lune est associée à la Vieille femme. On l'appelle parfois la « lune de la main gauche » pour sa forme inverse à celle de la lune croissante. C'est le moment idéal pour éliminer et soustraire. Les sorts à réaliser alors sont ceux qui visent à PERDRE DU POIDS ou RÉDUIRE UNE DETTE, se débarrasser des émotions négatives ou de la malchance et soigner un corps malade.

Composer un sort : à chacun sa cuisine !

La façon la plus simple que j'ai trouvée pour rédiger un sort est de le créer comme une recette de cuisine !

1. D'abord, établissez la liste des INGRÉDIENTS et notez toutes les conditions préalables : par exemple, le sort doit-il être réalisé un jour précis de la semaine ou lors d'une phase particulière de la lune ?

2. Puis, expliquez-les ÉTAPE PAR ÉTAPE, sans oublier le moindre détail, comme allumer une bougie. (Il y a une vraie différence entre une bougie allumée tout au long d'un sort et celle qui ne sert qu'à brûler quelque chose à la fin.)

3. DÉTAILLEZ L'EMPLOI de chaque ingrédient de la liste : une herbe doit-elle être brûlée ou rester sur l'autel ? Si du sel ou du sucre doivent être saupoudrés autour d'un objet, devez-vous les répandre dans le sens des aiguilles d'une montre (pour accroître l'énergie) ou dans le sens inverse (pour diminuer l'énergie) ?

4. Si le sort comporte une composante vocale (une incantation, par exemple), écrivez-la également. La tradition veut que les éléments vocaux RIMENT souvent ou aient un rythme particulier… Ils sont ainsi plus agréables à l'oreille, plus faciles à mémoriser et participent à l'énergie du sort. Mais là encore, soyez libre : il n'y a

Les sorts et les rimes

À l'époque où la sorcellerie était illégale et où il était dangereux de laisser traîner des preuves, les sorts oraux rimaient. Ils étaient transmis oralement par un grand prêtre ou une grande prêtresse aux membres du coven, et les rimes étaient plus faciles à enregistrer que de longues phrases!

aucune obligation à vous prendre pour Racine ou Baudelaire !

Pesez vos mots !

Réfléchissez bien aux termes de votre sort… Même si vous êtes furieuse contre quelqu'un et que cela est amplement justifié, évitez les mots grossiers qui ne feraient de tort qu'à vous… RESTEZ POLIE ! Pensez également à introduire une MAXIME qui vous protège vous et l'objet de votre sort de tout sentiment égocentrique involontaire et de toute mauvaise intention.

Traditionnellement, l'avertissement est le suivant :
« Au-dessus comme en dessous »,
qui demande simplement que l'univers équilibre le sort ; ou
« S'il n'est destiné au bien de tous, que ce sort échoue ».

À la fin de l'incantation ou du sort, ne vous privez pas d'ajouter un mot ou une phrase chargés de pouvoir, pour sceller votre sort et l'envoyer faire son œuvre au sein de l'univers.

La formulation traditionnelle est :
« Ainsi je le veux, ainsi soit-il ! »
ou *« Par le pouvoir de la lune*
cette magie va opérer,
Par le pouvoir du soleil,
cette magie a commencé ! » ;
mais un simple
« Maintenant ! » suffit.

Voici une formule simple pour associer protection et invocation de puissance :
« Pour le bien de tous et que personne en pâtisse, que ce sort s'accomplisse ! ».

Votre *Livre des Ombres* personnel !

Dans le passé, chaque sorcier possédait son grimoire personnel, ou *Livre des Ombres*. Souvent, après avoir été initié dans un *coven*, un nouveau membre avait accès au *Livre des Ombres* de la GRANDE PRÊTRESSE et en recopiait alors des morceaux choisis, voire la totalité... à la main ! Avoir accès à tous ces sorts et se voir léguer une telle connaissance étaient considérés comme un grand HONNEUR. C'était la garantie que le nouveau membre disposait d'une base solide pour élaborer son propre grimoire. Aujourd'hui, nombre de sorciers tiennent toujours leur journal personnel, car il y a une grande SPIRITUALITÉ dans la rédaction de vos sorts dans un livre, écrit de votre propre main.

Si vous optez pour une version papier de votre *Livre des Ombres*, il est vivement recommandé, dans un premier temps, de rédiger vos sorts sur des feuilles de PAPIER libres ou dans un carnet à spirale : vous pourrez ainsi apporter des modifications au besoin. Par exemple, après avoir réalisé un sort pour la première fois, vous sentirez peut-être qu'un autre jour aurait été préférable ou une herbe différente. Dans la version « définitive », pour chaque sort, choisissez une ENCRE de couleur idoine : bleu pour la bonne santé, crayon rouge (ou sang-de-dragon) pour l'amour, etc.

Évidemment, nous vivons dans la modernité et l'une des forces de la sorcellerie est d'intégrer les connaissances et capacités modernes à la tradition et la sagesse ancienne. De nombreux sorciers conservent donc sur leur ORDINATEUR leur *Livre des Ombres*. Il est ainsi plus facile de corriger les sorts en cas d'erreur et de partager sur Internet sa magie avec les membres de votre *coven* et vos amis. Les recherches sont également beaucoup plus efficaces. Vous savez, ce fameux sort dont vous avez impérativement besoin… il est peut-être au bout de votre souris !

La version informatique du *Livre des Ombres* vous permet également de l'enrichir au fil du temps. À chaque fois que vous réalisez un sort, notez le jour, la phase de lune, l'origine de l'herbe et toutes les informations intéressantes. Même les DÉTAILS apparemment mineurs ont leur importance : la sonnerie du téléphone vous a peut-être distraite, même si vous n'avez pas décroché ; un pigeon se posant sur le rebord de la fenêtre au moment où vous souffliez la bougie pourrait avoir influé sur le résultat…

En revanche, protégez votre *Livre des Ombres* des regards indiscrets avec un MOT DE PASSE, même si vous êtes le seul utilisateur de l'ordinateur. Cela préservera non seulement votre INTIMITÉ et les sorts qui vous ont demandé tant de travail, mais cela évitera aussi les incompréhensions et méprises fréquentes quand quelque chose est sorti de son contexte…

Un CYCLE LUNAIRE après avoir accompli le sort, vérifiez son résultat. Vous pourriez évidemment le faire plus tôt ou plus tard, mais la plupart des sorts mettent moins d'un mois à fonctionner s'ils le doivent ; ce laps de temps est donc raisonnable. Un peu de patience !

Si vous vous lancez dans la sorcellerie ou si vous entrez sur la pointe des pieds dans l'univers de la magie et des sorts, commencez par lire la première partie de ce livre. Elle explique le fonctionnement de la magie et les codes de moralité à respecter scrupuleusement quand on l'applique... Vous y découvrirez aussi les accessoires les plus ésotériques de la parfaite gentille sorcière et les moyens pour vous les procurer !

Une précision très importante : l'emploi d'ingrédients tarabiscotés ou coûteux a été soigneusement évité et le maximum a été entrepris pour que les sorts restent simples ! Pour rappel à l'intention de celles qui n'auraient pas une mémoire d'éléphant, le degré de difficulté des sorts est indiqué par un système d'étoiles (voir aussi page 8) : de 1 (niveau facile) à 3 (plus complexe).

Avant de commencer, retenez une chose : la magie est toujours plus puissante quand on y injecte beaucoup de son énergie personnelle ! Par conséquent, si vous prévoyez d'accomplir des sortilèges régulièrement, ayez toujours les ingrédients de base sous la main pour qu'ils absorbent bien votre énergie...

Apprendre à Jeter des sorts

LES PREMIERS PAS

EN AMOUR...

Love me, please love me. . .

L'un de ces sortilèges peut vous aider à faire tomber amoureux plus vite l'élu de votre cœur ou à renforcer la flamme de quelqu'un qui brûle déjà pour vous ! Un sortilège pour un amour naissant peut être efficace si vous pensez à une personne précise. Mais tenez-le vous pour dit : un sort ne devrait jamais forcer la volonté d'une personne pour s'en faire aimer ! Ce ne serait pas un amour sincère et, de toute façon, cela se terminerait dans un bain de larmes...

DANS CE CHAPITRE, VOUS TROUVEREZ DES SORTS POUR VOUS AIDER À :

- trouver l'amour et le conserver!
- prendre des décisions importantes dans vos relations amoureuses...
- pimenter votre vie sexuelle...
- savourer une relation paisible et amoureuse!
- mettre un point final à votre histoire...

rose et rouge
pétales de roses
vanille
cannelle
quartz rose
bougies

LES INGRÉDIENTS DU PLACARD !

Certains ingrédients pointent souvent le bout de leur nez dans les sortilèges liés à l'amour… Il est donc toujours utile de les avoir dans vos placards si vous souhaitez écrire des incantations ou jeter des sorts !

LE QUARTZ ROSE : cristaux bruts ou taillés, mais de préférence petits, car ils ont de nombreux emplois et vous pourrez les offrir !

LA CANNELLE : qui n'en a pas chez soi ? Elle intervient dans les sortilèges d'amour, de désir sexuel et de virilité…

LA VANILLE : vous aurez peut-être du mal à vous procurer des gousses de vanille fraîches, qui sont d'ailleurs assez chères… Inutile de vous compliquer la vie : l'essence de vanille et l'huile essentielle de vanille sont presque aussi efficaces et faciles à se procurer !

LES PÉTALES DE ROSES : les roses sont le symbole de l'amour, rouges pour la passion et roses pour le romantisme ! Une rose blanche teintée de rose, ou dont les pétales ont l'extrémité rose, est idéale pour jeter des sorts. Si vous êtes un jardinier hors pair et que vous cultivez des roses dans votre jardin, récoltez les pétales et séchez-les vous-même !

LES BOUGIES : elles sont incontournables ! Des rouges et des roses, bien entendu… À défaut, à l'aide d'un crayon ou d'un ruban rose, imprégner d'énergie rose des bougies blanches est une bonne astuce !

LES COULEURS ROUGE ET ROSE : pour un amour passionné, vigoureux et charnel, choisissez des accessoires rouges ! Privilégiez le rose pour un amour romantique, paisible et fleur bleue…

Le papier et les petits morceaux de tissu sont parfaits… Et si les sorts vous concernent personnellement, les vêtements et les sous-vêtements dans ces couleurs seront encore plus favorables !

POUR TROUVER L'AMOUR

Tout nouveau, tout beau !

Pour attirer l'amour dans vos filets !

Il est conseillé d'avoir toujours un QUARTZ ROSE sur vous – peut-être un cristal dans votre poche ou une bague ornée d'un quartz rose ovale ou en forme de cœur… Pour renforcer le sort, portez le quartz sur la peau !

Un parfum… envoûtant !

Avant de sortir, parfumez-vous d'une fragrance à base de VANILLE ou de CANNELLE. Mais plutôt que de l'appliquer directement sur votre peau, vaporisez-le devant vous et pénétrez dans le nuage en prononçant ces mots :

« Amour viens à ma rencontre, j'entre dans mon avenir amoureux. »

Pour croquer l'amour à pleines dents…

Pour les amateurs de pâtisserie, confectionnez des SABLÉS en forme de cœur, parfumés à l'essence de vanille. Juste avant la fin de la cuisson, saupoudrez-les de cannelle, pour créer l'intimité et renforcer le sentiment amoureux, et de SUCRE ROUX, pour installer la relation dans la douceur et la sérénité. Offrez les sablés à l'élu de vos pensées un vendredi (jour de Vénus, déesse de l'amour), ou un dimanche (consacré au Soleil, l'énergie

virile). Et s'il est gourmand, ravir ses papilles vous fera de toute façon gagner des points !

Trouvez l'amour tendre et romantique...

Si vous rêvez d'un amour tendre, frottez une bougie rose avec de l'huile essentielle ou de la poudre de cannelle. Allumez la bougie chaque VENDREDI, jour de Vénus, et répétez cinq fois :

« Feu de cette bougie,
Par toi je sème
le plus bel amour
que je ne connaîtrai jamais.
Que mon cœur soit comblé
d'amour et d'affection.
Contre trahison et fourberie,
offre-moi ta protection.
Aussi brillant que la
flamme de cette bougie,
Qu'un amour vrai éclaire ma vie.
Bientôt je sais que sera le jour
Où viendra et restera
le véritable amour. »

Puis soufflez la bougie et laissez-la de côté jusqu'au vendredi suivant.

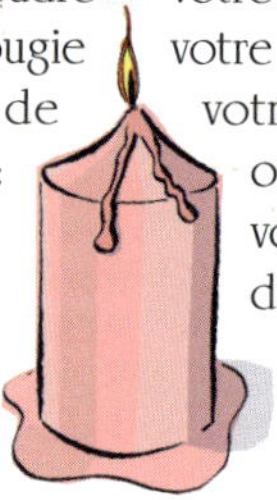

Optimisez LA rencontre !

Par une nuit de LUNE MONTANTE (très important !), allumez une bougie rose. Fixez la flamme et pensez à ce que vous recherchez chez l'Autre et à l'endroit où vous pourriez tomber nez à nez avec Lui – dans le parc où vous faites votre JOGGING, en allant acheter votre pain, dans la queue devant votre CINÉMA préféré, etc. –, ou simplement en informant vos amis de votre quête. Puis dites :

« Flamme, en toi je sème
L'amour encore inconnu.
Bientôt sera le jour
Où viendra et restera l'amour.
Embrase mon cœur et le sien,
Pour créer le plus beau lien
Et offre l'amour à mon
cœur impatient. »

Éteignez la bougie, embrassez-la TROIS FOIS et mettez-la de côté. Répétez ce sort une fois par semaine jusqu'à ce que vous ayez établi une relation que vous jugez prometteuse !

Un saule pour roucouler...

Peu après la nouvelle lune, placez un RUBAN ROUGE sur un saule (SURTOUT PAS un saule pleureur !). Jetez votre dévolu sur une branche jeune et souple, et tordez-la pour en faire un nœud, tout en vous représentant l'objet de vos pensées. Puis nouez le ruban rouge autour de la branche, une fois au-dessus et une fois en dessous du nœud. La prochaine fois que vous vous promènerez ensemble, mettez en place un STRATAGÈME pour passer à côté du saule. Si la branche est toujours fermement nouée et entourée du ruban à la pleine lune suivante, vous roucoulerez ensemble d'ici un mois !

Attirez l'énergie virile !

Frottez un cristal de QUARTZ ROSE avec de l'essence de cannelle et portez-le sur une CHAÎNE EN OR à même la peau, idéalement au niveau du cœur. L'or représente le soleil et est destiné à favoriser la venue des énergies masculines !

Soyez prête au cas où !

Tenez un cristal de quartz rose dans votre PAUME GAUCHE (la gauche guide l'intuition). Du POUCE DROIT (qui dicte les décisions « intelligentes »), imprégnez le cristal d'une goutte d'essence de cannelle (la cannelle est une plante aux puissants effets aphrodisiaques) tout en chantant :

« Où trouver l'amour,
nul ne peut le dire
Mais j'espère le trouver
grâce à ce sortilège. »

Portez toujours ce quartz sur vous, car qui sait où vous rencontrerez l'amour ?

Parce que c'est peut-être le bon !

Achetez des BONBONS à la cannelle. Attendez une nuit claire de lune montante. Confectionnez une petite boîte en CARTON ROSE (si vous êtes bricoleuse !) ou tapissez de papier rose le fond de la boîte de bonbons que vous avez achetés. Puis récitez cette incantation :

« Lune d'argent, aux reflets brillants
Envoie-moi mon amant.
Je cherche le lien d'amour
Qui me fera voir la vie en rose.
Grâce à toi et à ces bonbons d'amour,
Bannis seront les crapauds,
Et mon prince viendra bientôt ! »

Offrez un bonbon à chaque partenaire potentiel !

LA STABILITÉ

Entre nous, c'est du sérieux !

Pour un amour sur mesure…

Découpez un CŒUR dans du papier rouge (ou rose, si vous rêvez d'un amour romantique et délicieusement désuet !). Écrivez-y tout ce que vous souhaitez, bec et ongles, trouver dans la nouvelle personne qui partagerait votre vie (restez réaliste !). Gardez ce cœur en LIEU SÛR jusqu'à ce que vous ayez entamé une relation. À ce moment fatidique, brûlez-le et remerciez les DIVINITÉS de leur aide !

Pour un amourEUX sur mesure…

Sur un petit morceau de papier, écrivez au stylo noir cinq des PIRES DÉFAUTS des hommes que vous avez connus. Réfléchissez bien… Jetez le papier dans les toilettes et tirez la chasse d'eau sans scrupules. Pendant qu'il disparaît, visualisez loin de vous les hommes qui ne vous conviennent définitivement pas. À présent, sur un autre morceau de papier, écrivez au stylo rose ou rouge les

CINQ QUALITÉS *sine qua non* que vous recherchez chez la personne idéale. Saupoudrez le papier de cannelle, puis repliez-le trois fois pour y enfermer celle-ci. Prononcez les mots suivants à chaque pliage :

« Amour et bonheur, venez à moi,
Ainsi je le veux, ainsi ce sera. »

Gardez ce papier dans votre chambre jusqu'à ce que vous rencontriez l'âme sœur…

Est-il vraiment la perle rare ?

Mariez un QUARTZ ROSE et une améthyste. Celle-ci est source de stabilité et aiguise la sensibilité psychologique ; elle stimule votre SIXIÈME SENS, vous aide à sentir intuitivement si quelqu'un vous convient ou non. L'idéal est de trouver un bijou qui associe ces deux pierres. À défaut, gardez-les dans votre poche, de façon qu'elles soient en contact.

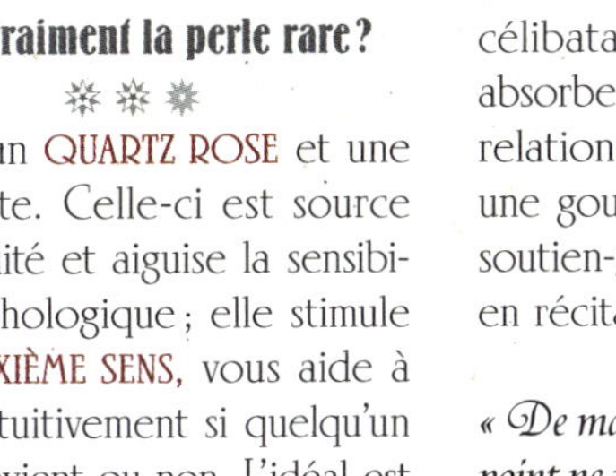

Épicez vos petits dessous !

Achetez un SOUTIEN-GORGE ROSE ou ajoutez un ruban rose sur un soutien-gorge blanc si vous en avez un ! La vanille est une ÉPICE D'AMOUR qui attire les hommes célibataires et sa gousse noire absorbe les énergies néfastes des relations passées. Frottez donc une gousse de VANILLE sur votre soutien-gorge avant de le porter en récitant cette incantation :

« De mauvais hommes,
point ne veux,
Ni de peine de cœur !
Je cherche un amour et un couple. »

Portez ce soutien-gorge à chaque fois que vous avez une chance de rencontrer l'homme de vos rêves !

Stabilité chérie

❋ ❋ ❋

Chaque vendredi, jour de Vénus, et dimanche, jour du dieu Soleil, mélangez une cuillerée à café de poudre de CANNELLE et une pincée de PIMENT ROUGE. Trempez votre doigt dans le mélange et dessinez un CŒUR sur votre front en prononçant ces mots :

« Comme un phare,
Mon cœur brillera,
Et l'amour que je trouverai,
Je le guiderai par cette lumière ! »

Recommencez chaque vendredi et chaque dimanche jusqu'à ce que vous soyez installée dans une relation stable.

Un homme, des enfants, une maison et un chien !

❋ ❋ ❋

Frottez *deosil* un cristal de quartz rose avec de l'HUILE DE VANILLE, une fois par semaine. Pendant que vous frottez la pierre, visualisez votre bonheur avec un homme à vos côtés et des enfants courant tout autour. Répétez trois fois cette incantation :

« Je cherche l'amour et le bonheur
Qui chasseront la
tristesse de ma vie.
Un homme et des enfants,
je les vois dans mon avenir.
Guidez-moi vers eux,
puissances supérieures ! »

Le moment idéal pour réaliser ce sort est l'AUBE, en observant le lever du soleil.

POUR PRENDRE LA BONNE DÉCISION

Est-ce bien l'âme sœur ?

Ayez les cartes en main !

Vous voulez être sûre que la personne qui vous fait vibrer est bien celle qui vous convient ? Fiez-vous au pouvoir des cartes ! Prenez votre jeu et sortez la DAME DE CŒUR. C'est elle qui vous représente. Placez la carte devant vous, puis battez le reste du jeu en pensant à votre moitié. Quand vous sentez que vous êtes prête, retournez lentement les cartes.

Si l'être aimé doit devenir une longue histoire, le ROI DE CŒUR sortira dans les 25 premières cartes.

Si votre relation est placée sous le signe de la passion et de la légèreté, le VALET DE CŒUR sortira dans les 25 premières cartes.

Si le Valet sort sans le Roi, cela vous promet une histoire brève.

Si le ROI DE TRÈFLE apparaît avant l'une des deux autres cartes, c'est le signe que même si une relation s'installe, elle sera mouvementée. À vous de décider si cela vous tente !

Comment choisir entre deux chevaliers servants ?

Ce sort aiguisera votre intuition… Et pour les chanceuses qui ont le choix entre deux soupirants, il vous aidera à faire pencher la balance du BON CÔTÉ !

1. Munissez-vous de quatre morceaux de papier blanc de même taille (le blanc est le garant de la neutralité) et de deux stylos, l'un rouge et l'autre rose. Écrivez le nom de chaque homme sur deux

morceaux de papier, une fois en rouge pour un amour PASSIONNÉ, une fois en rose pour un amour romantique.

2. Retournez les papiers pour cacher les noms et mélangez-les de la main gauche, car c'est la main qui guide votre intuition.

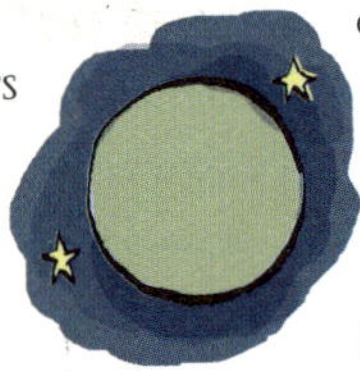

3. Imaginez divers SCÉNARIOS de votre vie future, par exemple vos vacances d'été, un dîner chez vos parents, un problème de travail, votre prochain anniversaire… Après avoir rêvé chaque situation, laissez votre main gauche se diriger vers l'un des papiers. Voyez qui elle a choisi et ce que vous ressentez face à la perspective de vivre cette situation avec la personne désignée. Verdict ?

Si le choix est décidément compliqué…

Toujours hésitante ? Voici un autre sort pour départager deux élus possibles. À la NOUVELLE LUNE, prenez trois morceaux de papier blanc et un crayon bleu (bleu pour la sagesse). Sur l'un, écrivez un nom, sur l'autre le deuxième nom. Sur chacun, inscrivez sur deux colonnes ses plus grandes QUALITÉS et ses pires DÉFAUTS. Laissez le troisième papier vierge. Pliez les papiers en quatre en prononçant ces mots :

« Divin Père, Déesse
Mère, aidez-moi à savoir
En qui je veux mettre mon espoir.
Guidez ma main et
guidez mon cœur
Pour que mon amour
commence dans le bonheur. »

Cachez les papiers pliés en lieu sûr jusqu'à la pleine lune. Mélangez-les alors en répétant l'incantation à quatre reprises. Dépliez le papier qui se trouve sur le dessus. Il vous dira avec qui vous souhaitez, dans le fond de votre cœur, écrire votre HISTOIRE. Si vous tirez le papier vierge, préparez-vous à rester célibataire un certain temps. Mais c'est provisoire !

PIMENTEZ VOTRE VIE SEXUELLE...

Pour conserver votre petit ami à tout prix !

Dans les basics aphrodisiaques...

Le moyen le plus simple est de poser une bougie (rouge) allumée sur votre table de nuit et de partager vers minuit un moment d'INTIMITÉ avec votre partenaire !

À vos fourneaux !

Vous voulez un peu plus de PIQUANT ? Commencez donc par les plaisirs de la bonne chair ! Préparez un risotto ou un délicieux plat de pâtes. Introduisez dans la recette du piment rouge, qui stimule la VIRILITÉ et du poivron jaune, pour l'énergie du dieu Soleil. En incorporant ces légumes, chantez ces mots :

« D'excitation
nous n'avons
guère eu,
Mais maintenant,
l'ennui a disparu !
Je veux la passion et la vigueur,
Et du rire, et la fin de la tiédeur. »

Stimulez votre imagination...

Frottez une BOUGIE ROUGE avec de l'huile essentielle de cannelle tout en réfléchissant aux mille et une façons de rendre votre vie sexuelle plus palpitante. Incitez votre partenaire à faire de même – ce serait idéal ! Mais ce n'est pas indispensable... Puis allumez la bougie et posez-la près de votre lit avant de vous coucher.

Pour un océan de passion

✵ ✵ ✵

Les POUPÉES ne sont pas qu'un jeu de petites filles ! Confectionnez-en deux avec des enveloppes de maïs vertes et de la ficelle rouge. Écrivez votre nom sur l'une des poupées et celui de votre partenaire sur l'autre. Placez les deux poupées, ensemble, dans une CACHETTE sûre. Quand elles seront complètement desséchées, votre relation aura pris un tour nettement plus passionné !

POUR UN AMOUR SEREIN QUI DURE

Un long fleuve tranquille. . .

Un peu de douceur…

✵ ✵ ✵

Vous avez soif d'harmonie ? Versez du MIEL dans du lait chaud, remuez *deosil* et faites déguster le tout à votre partenaire. Il appréciera certainement !

Communiquez !

✵ ✵ ✵

Bye-bye les disputes et les chamailleries ! Pour améliorer la communication avec votre partenaire, portez sur vous un morceau d'AMBRE, que vous aurez frotté *deosil* avec de l'huile de géranium ou des feuilles de citronnelle. Puis prononcez cette incantation :

« Nous parlerons
avec amitié et amour.
Dieux et déesses,
bénissez-nous de l'au-delà.
Gardez-nous ensemble,
gardez-nous forts et solides.
Aidez-nous à nous souvenir de
l'amour que vous nous avez donné ! »

Communiquez encore et toujours !

✵ ✵ ✵

Attachez un RUBAN BLEU (pour la sagesse) autour de la base d'une bougie jaune (pour l'amitié et la communication). Allumez-la et récitez neuf fois :

« Je demande la bénédiction
des puissances supérieures
pour ce dialogue entre moi
et [nom] *que j'aime.*
Tous deux, nous parlerons
et seront entendus,
Nous nous respecterons et nous
serons loyaux en actes et en paroles.
Rapprochez-nous pour toujours,
Aimons-nous pour toujours ! »

Nagez dans le bonheur !

Fouillez dans vos albums et dénichez votre PHOTO PRÉFÉRÉE de vous deux, témoignage éclatant de votre bonheur ! Juste après la pleine lune, placez une bougie noire, qui brûle les ONDES NÉGATIVES, devant la photo. Allumez-la quelques minutes par jour et plongez-vous dans les souvenirs de vos moments heureux. Quand la nouvelle lune arrive, remplacez la bougie noire par une bougie blanche pour amplifier la fusion entre vous, vos énergies et vos bonheurs. Fermez les yeux et imaginez-vous tous les deux dans le futur, peut-être dans votre café préféré, en train de vous raconter ce qu'il s'est passé dans votre vie depuis votre dernière dispute.

POUR RENFORCER VOTRE RELATION

S'aimer crescendo. . .

Pour un amour gourmand !

Brûlez une bougie parfumée à la VANILLE dans la chambre ou faites cuire des biscuits aromatisés par des gousses de vanille. Vos liens se renforceront dans ces délicieux effluves.

Loin des yeux, mais pas du cœur…

Trouvez deux cristaux de QUARTZ ROSE de forme identique. Placez-les sous votre oreiller et dormez dessus pendant une semaine au moins. Donnez-en un à l'élu de votre cœur et demandez-lui de le placer sous son oreiller s'il part en voyage loin de vous, par exemple. Vous serez ainsi réunis dans vos rêves… Vivement les retrouvailles !

Renforcez votre stabilité avec coquillages et crustacés !

Si vous goûter à la douceur d'une relation stable, placez une photo de vous et une photo de votre partenaire, prises séparément, dans une PINCE DE CRABE vide. Enveloppez celle-ci d'un linge rose (pour un amour emprunt de romantisme !) et placez-la sous votre lit. Faites au préalable une promenade sur une plage ou dégustez un plateau de fruits de mer !

Pas de panique !

Pour écarter toute inquiétude sur la pérennité de votre relation, retrouvez une photo de vous prise lors d'un MARIAGE et frottez légèrement le verso avec de l'huile de CLOU DE GIROFLE afin de dissiper les

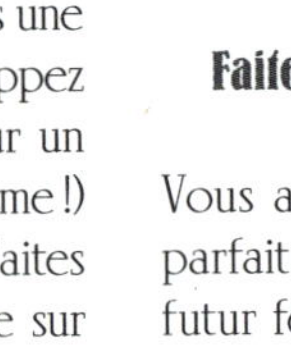

malédictions et les ondes négatives. Laissez sécher. Puis, avec un stylo (de préférence rose), écrivez :

« [Votre nom] et [le nom de votre partenaire], très amoureux et bientôt mariés. »

Mettez la photo dans un album ou dans un cadre et gardez-la en lieu sûr.

Faites pousser votre amour !

Vous avez la main verte ? C'est parfait, car le vert représente le futur fécond de votre amour.

1. Achetez une PLANTE VIVACE à fleurs rouges et à feuillage vert robuste, comme une pivoine. Plantez-la un vendredi, idéalement en compagnie de votre partenaire, sinon seule.

2. Parsemez de COQUILLES D'ŒUF le fond du trou de plantation. L'œuf est un symbole de fertilité et d'un cercle

complet à venir, ce qui correspond à votre démarche de renouer avec le bonheur que vous connaissiez avec votre partenaire.

3. ARROSEZ la plante régulièrement en pensant à votre relation. Si vous buvez de l'eau, laissez-en un peu au fond de votre verre et donnez-la à la plante, car elle est chargée de votre ÉNERGIE ; donnez également les fonds de verre d'eau de votre partenaire. (Utilisez néanmoins un arrosoir de temps en temps, pour le bonheur et la santé de la plante !) Au fur et à mesure que la plante poussera, votre amour mutuel grandira.

Si vous êtes à couteaux tirés

Un peu de brouille dans l'air ? Juste après la pleine lune, placez une BOUGIE BLEUE (pour la guérison et la sagesse) devant une photo de vous deux nageant en plein bonheur. Allumez la bougie pendant quelques minutes, trois fois par jour, et imaginez que les difficultés de communication entre vous et les mauvaises pensées s'envolent en fumée.

À la NOUVELLE LUNE, remplacez la bougie bleue par une rose (retour à la romance) et allumez la bougie TROIS FOIS par jour en vous concentrant sur le renforcement de votre amour. Croyez dur comme fer au retour du bonheur que vous avez partagé. Au bout d'un mois, vos rapports devraient s'être sérieusement améliorés.

Soyez de mèche !

À la pleine lune suivante, entrelacez quelques CHEVEUX à vous et à lui ; tressez-les s'ils sont assez longs. Nouez un cordon blanc autour des cheveux. Le blanc est neutre ; il n'amènera pas quelqu'un à vous aimer, mais il renforce les énergies existantes.

Regardez la pleine lune en pensant à tous les moments de bonheur que vous avez connus dans le passé et à ceux que vous aurez dans le futur. Conservez les cheveux en lieu sûr, par exemple dans un album photos que vous avez en commun ou dans une LETTRE D'AMOUR qu'il vous a envoyée.

Si jamais vous vous sentez SEULE ou que vous avez eu une dispute de routine, regardez la lune et pensez à lui. Vous pourriez lui suggérer d'en faire autant, d'autant que la lune est toujours un spectacle magnifique !

Un coup de main de votre ange gardien...

Placez la carte de votre ANGE favori, une image ou un dessin d'ange, en face de vous. Devant elle, mettez une photo de vous et de votre partenaire dans un moment de bonheur partagé.

Froissez des PÉTALES de roses roses, d'œillets rouges et de fleurs de menthe. Éparpillez ce pot-pourri *deosil* autour des images.

Détendez-vous et prenez le temps de vous rappeler tous les moments de bonheur que vous avez vécus ensemble. Priez l'ange de GUIDER VOS SENTIMENTS et de protéger votre amour.

Puis déposez une pincée du pot-pourri sous le lit que vous partagez, sous la table ou sous le canapé où vous vous retrouvez.

POUR ROMPRE

Savoir mettre un point final

Bon vent et sans rancune…

Même les belles histoires ont parfois une fin… Avec un stylo noir, écrivez sur du papier blanc tout ce que vous avez à dire sur votre relation. Rendez-vous près d'un COURS D'EAU rapide et prononcez ces mots :

« Au revoir, je dis,
Plus jamais ! Je prie.
De ma tristesse je me délaisse.
Je l'ai jetée au fil de l'eau,
qu'elle disparaisse. »

Puis, jetez le papier à l'eau et regardez-le s'éloigner au fil du courant.

Pour mieux tourner la page…

Il est souvent difficile de dire adieu. Pour vous aider, commencez par vous asseoir tranquillement au milieu d'une pièce. Imaginez la personne dont vous vous séparez assise en face de vous et un CORDON D'ARGENT qui vous lie. Pensez à tout ce que vous avez vécu ensemble, le bon et le mauvais. Pleurez ou riez si vous en avez envie et prenez tout le temps dont vous avez besoin.

Quand vous vous sentirez prête, prenez une paire de ciseaux et faites le GESTE de couper le cordon en répétant à trois reprises :

« Par l'amour et la lumière,
je te laisse aller. »

Répétez cette séance une fois par semaine jusqu'à ce que vous vous sentiez mieux. La SÉRÉNITÉ sera au rendez-vous !

L'ARGENT ET LE TRAVAIL

Avoir les moyens de ses ambitions !

Dans les domaines de l'argent et du travail, le secret de la réussite est le « ré-a-lisme »... La magie modifie les probabilités, mais n'offre pas de certitude absolue ! Les sorts visant à gagner une petite fortune au loto ont peu de possibilités de fonctionner puisque même si vos chances sont augmentées, elles restent minimes... À la fin de chaque incantation, ajoutez la phrase suivante : « Et s'il ne nuit à personne, que ce sort s'accomplisse ». Vous ne voudriez pas que le succès d'un sort pour l'argent soit lié à la mort de votre grand-mère qui vous a désignée comme héritière !

DANS CE CHAPITRE,
VOUS TROUVEREZ DES SORTS
POUR VOUS AIDER À :

- démêler vos problèmes d'argent !
- attirer l'argent comme un aimant et le faire entrer dans votre maison !
- trouver l'emploi qui est fait pour vous !
- être votre propre patron...
- gérer vos problèmes au bureau !

LES INGRÉDIENTS DU PLACARD !

Dans ce type de sorts, certains ingrédients sont tout simplement les incontournables de la parfaite sorcière ! Ne vous laissez pas surprendre : ayez-les toujours sous la main en cas de besoin, ils vous rendront bien des services !

LES PIÈCES DE MONNAIE : l'argent appelant l'argent, de nombreux sorts axés dans cette thématique font appel à quelques pièces de monnaie. D'après mon expérience, le cuivre est le plus efficace… Finie la ferraille qui pèse lourd dans le porte-monnaie ! Mettez vos petites pièces de côté et gardez-les pour vos sorts ! Les sorciers suggèrent de ne pas dépenser par la suite l'argent utilisé pour la magie, mais de le donner par exemple à une œuvre de charité une fois le sort couronné de succès. Les « Pièces jaunes », ça vous rappelle quelque chose ?

L'OR : lorsque vous pratiquez la magie, il est bon de porter des bijoux en or. Bonne nouvelle ! Le plaqué-or et toute autre matière de la même couleur marchent aussi : les emballages dorés autour des chocolats, des bougies dorées ou autres objets de ce genre ont une valeur symbolique et sont à la portée de toutes les bourses !

DES PLANTES VIGOUREUSES : les feuilles vertes, notamment rondes, en forme de pièces de monnaie, ont un fort pouvoir symbolique et la terre représente la générosité de mère Nature.

LA MENTHE POIVRÉE : elle dissipe les ondes négatives et

le stress dans un environnement de travail ; sa couleur verte et son odeur agréable ont aussi un effet calmant. Et puis… Vous prendriez bien un petit thé, non ?

L'ŒIL-DE-TIGRE : cette pierre brun doré est idéale car elle rassemble les deux couleurs de l'argent : l'or pour la finance et le brun pour la prospérité.

LES ACCESSOIRES VERTS : le vert est la couleur de la prospérité. Tous les accessoires verts sont donc les bienvenus, des bougies aux rubans en passant par des dossiers verts pour ranger vos documents…

Conseils de sorcière

- *Portez un œil-de-tigre quand vous épluchez les offres d'emploi.*
- *Pour optimiser le choix d'un travail, suspendez un pendule au-dessus des annonces.*
- *Quand vous envoyez un curriculum vitae, frottez légèrement le papier de noix de muscade pour favoriser la chance et repousser les ondes négatives.*
- *Placez une améthyste près de votre ordinateur – sur la tour, si vous en avez une – pour absorber les vibrations électriques, réduire les défaillances techniques et éviter le plantage.*
- *Portez toujours cinq amandes, dans leurs coquilles, dans votre poche gauche.*
- *Ayez toujours de l'argent sur vous, ne serait-ce que quelques pièces de monnaie.*
- *Rangez vos documents professionnels dans des dossiers verts.*
- *Dégustez des beignets de fleurs de courgette, qui marient l'or de la pâte et le vert du légume !*

POUR DÉMÊLER VOS PROBLÈMES D'ARGENT

Demain, je fais des économies !

Déstressez à l'aide de votre chéquier !

Vous êtes stressée par une DETTE ? Les effets s'en ressentent dans votre couple ? Calmez le jeu. Quand vous rédigez un chèque et le mettez sous enveloppe, prononcez ces mots :

« Esprits, apportez-moi votre bénédiction ; que l'argent croisse, que la dette décroisse. »

Gérez votre argent comme une pro !

Vous avez l'impression que votre argent vous glisse entre les doigts ? Pour vous aider, vous et votre moitié, à y voir plus clair et identifier les PRIORITÉS financières de chacun (un aspirateur ou un nouveau GPS, par exemple ?), appliquez le sort ci-contre.

1. Prenez un RUBAN VERT d'un mètre de long, ou un morceau de tissu, et placez-le dans un endroit où il ne sera pas déplacé.

2. À partir du lendemain de la pleine lune qui suit, échangez tous les soirs une pièce de valeur identique avec votre partenaire. Faites-vous également un BEAU SOURIRE dentifrice et posez les pièces sur le ruban vert. Répétez ce rituel pendant un cycle lunaire complet.

3. Au cours de la DÉCROISSANCE de la lune, les malentendus et les chamailleries financières devraient diminuer. Pendant la croissance de la lune, la communication et l'entente sur la gestion de l'argent s'amélioreront.

4. Quand la lune est à nouveau pleine, récupérez toutes les pièces collectées en un mois et profitez d'un MOMENT À DEUX (une sortie au théâtre, un bon restaurant…) !

Vous pouvez reproduire ce sort dès que vous sentez que vous avez un problème à régler ou simplement si cette économie rituelle suivie d'un bon moment partagé vous fait plaisir.

POUR ATTIRER L'ARGENT

Et qu'il vienne comme un aimant !

Pour que la vache maigre prenne du poids !

Ce sort est particulièrement bénéfique au moment de Samhain (nouvel an des sorciers qui a lieu le 31 octobre), au nouvel an ou lors de tout *Sabbat* wiccan. Posez une PIÈCE de monnaie sur votre front et répétez l'incantation ci-dessous à neuf reprises. Si vous arrivez à terminer avant que la pièce tombe, vous serez débarrassée de tout souci financier pendant l'année qui vient.

« Mon Seigneur et ma Dame,
accompagnez-moi,
Et que la prospérité,
cette année, vienne à moi.
Travail et intelligence
je déploierai,
Les dettes jamais
je ne connaîtrai. »

Conseil de sorcière

Pour attirer l'argent à vous, portez une émeraude à votre main droite ou un fragment d'émeraude dans une pochette sur votre sternum. Portez-la au moins un mois lunaire à partir du lendemain de la nouvelle lune.

Balayez les obstacles !

Pour ce sort, commencez par nettoyer trois pièces avec de L'EAU MINÉRALE. Pendant ce temps, imaginez que vous vous lavez de toute négativité émotionnelle, physique et mentale qui pourrait vous empêcher de gagner plus d'argent. Puis alignez trois feuilles de basilic et posez une pièce sur chacune tout en disant :

« Or et vert,
Largent est rare.
Argent, viens à moi,
Et que le meilleur soit ! »

Pour vous remettre à flot

Par un beau jeudi, imprégnez une BOUGIE VERTE d'huile essentielle de basilic. Si vous n'en avez pas, vous pouvez la frotter avec des feuilles de basilic ou colorer une bougie blanche avec un marqueur vert. Allumez la bougie et respirez lentement. Imaginez que vous payez toutes vos FACTURES sans difficulté et que vous avez assez d'argent pour vivre confortablement. Mais ne vous imaginez pas à la tête de millions ; ce sort ne fonctionnera pas si vous êtes trop gourmande ! Prononcez cette incantation :

« Par les pouvoirs de l'air,
du feu, de l'eau et de la terre,
Je jette ce sort.
Dieu et Déesse, épargnez-
moi la honte du débiteur !
Assez d'argent pour vivre,
voilà ma demande,
Quel que soit le travail
ou la tâche à prendre.
Sans nuire à quiconque,
que ce sort s'accomplisse. »

Puis soufflez la bougie et rangez-la. Répétez ce sort tous les JEUDIS jusqu'à ce que votre budget s'améliore convenablement.

POUR FAIRE ENTRER L'ARGENT À LA MAISON

Foyer prospère, foyer heureux !

Pour trouver l'oseille, ayez du basilic !

Le BASILIC est une arme magique pour attirer l'argent dans votre foyer. En pot ou en pleine terre, près de votre porte d'entrée, il est un gage de PROSPÉRITÉ (et de senteurs délicieuses !). Veillez à la santé de la plante et vérifiez qu'elle ne porte pas de feuilles séchées ou pourries.

Vous pouvez également l'ajouter à une salade, un RISOTTO ou tout autre petit plat mitonné, ou le déguster en infusion, le jeudi (jour de Mars).

Favorisez sa venue dès la porte d'entrée

Soyez accueillante ! Invitez chaleureusement l'argent à entrer dans votre maison en plaçant trois pièces de monnaie en cuivre sous le PAILLASSON. Ne déplacez pas celui-ci tant que vous n'avez pas reçu l'argent nécessaire.

Poussez-lui la chansonnette

Neuf jours de suite, allumez une bougie verte et CHANTEZ l'incantation suivante à neuf reprises :

« De l'argent, il ne m'en faut guère,
Juste assez pour l'essentiel,
les charges et l'alimentaire.

Le jeudi, c'est le jour des factures !

Réglez vos factures et vos dettes le jeudi. Dédié à Mars, c'est le meilleur jour pour traiter les problèmes d'argent !

Pour le bien de tous, sans que quiconque en pâtisse, Dieu Père et Déesse Mère, que ce sort s'accomplisse ! »

Pour que l'argent en « pince » pour vous !

Placez quelques pièces de monnaie dans une demi-carapace de CRABE et laissez-la dans un endroit ensoleillé. N'y touchez pas avant la FÊTE DU FEU wiccane qui suit (Beltaine, le 31 mai, Lughnasa, le 1er août, Samhain, le 31 octobre ou Imbolc, le 2 février). Le jour J, vous jetterez la carapace dans le feu et remercierez vos *divinités patronnes* pour leur bénédiction financière. Soyez reconnaissante !

Améliorez vos finances avec un œuf

Voici un sort réservé aux plus dégourdis ! Inscrivez la somme dont vous avez besoin sur un petit morceau de papier, puis roulez celui-ci en le serrant fort. Percez un petit trou au sommet d'un ŒUF BLANC (le blanc représente la pureté de l'objectif et l'œuf, la prospérité). Enfoncez-y le papier. Enterrez l'œuf sous une plante verte en bonne santé, de préférence du basilic, mais n'importe quelle plante saine sera bénéfique. Au fur et à mesure que l'œuf s'écoulera goutte à goutte dans le sol, il nourrira la plante et stimulera sa croissance, améliorant votre situation financière !

Appâtez-le avec un œil-de-tigre

Entourez une bougie verte d'un bracelet portant un ŒIL-DE-TIGRE ou plusieurs petits yeux-de-tigre. Allumez la bougie tous les jours et visualisez l'argent venant à vous. Quand vous soufflez la bougie, dites :

« Et que cela ne nuise à quiconque, ainsi soit-il ! »

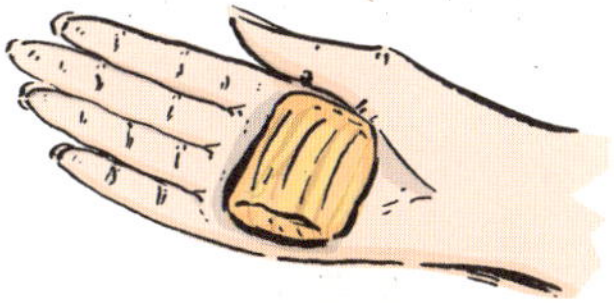

Le sort « à la noix » pour la prospérité

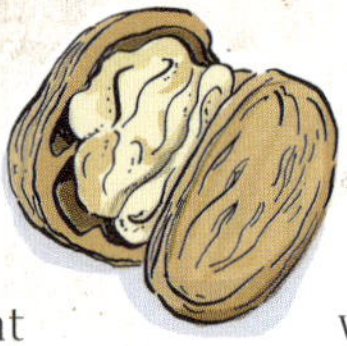

Profitez de la saison des noix… elles sont délicieuses, et, de plus, bénéfiques. Allumez une bougie verte. Ouvrez délicatement une NOIX en deux, en gardant les moitiés de coquille intactes. Faites-y couler de la CIRE VERTE. Placez une petite pièce sur une demi-coquille et refermez la noix rapidement. Pressez la noix entre vos mains pendant qu'elle refroidit tout en vous concentrant sur la façon d'accroître la prospérité de votre foyer. Par exemple, vous pouvez envisager de demander une formation professionnelle au sein de votre entreprise pour obtenir une promotion, ou d'abattre beaucoup de travail dans vos études. Placez la noix dans un endroit sûr – sur votre petit autel privé ou sur un REBORD DE FENÊTRE dans une pièce tranquille. Aidez-vous et la magie vous aidera !

POUR TROUVER DU TRAVAIL

Un boulot sur mesure, ça existe !

Pour identifier le travail qu'il vous faut…

Et si le job fait pour vous vous apparaissait EN RÊVE ? Placez une bougie verte sur votre table de nuit. Contemplez la flamme et demandez à vos *divinités patronnes* de vous guider dans vos recherches… Je vous conseille de vous adresser à VULCAIN, dieu romain du travail, ou à Épona ou Lakshmi, déesses de la prospérité et du bonheur. Soufflez la bougie. Gardez du papier et un stylo à portée d'oreiller pour noter vos rêves sans en perdre une miette !

Optez pour le coup du sort !

Sur une bougie verte, gravez trois mots qui symbolisent pour vous le TRAVAIL IDÉAL. Tous les critères sont bons puisque ce sont les vôtres : argent, à extérieur ou à proximité, job créatif… Allumez la BOUGIE et, pendant quelques minutes, priez votre *divinité patronne* de vous guider. Puis, ouvrez la page d'offres d'emplois du journal et laissez-y tomber quelques gouttes de cire. Envoyez votre candidature aux postes qui ont été marqués à la cire, même s'ils vous semblent inaccessibles. Tout est possible !

Trouvez un plan d'attaque hors pair… (1)

Avant d'aller vous coucher, allumez une bougie verte et énoncez à HAUTE VOIX ce que vous aimeriez avoir dans votre prochain travail : intéressant, bien rémunéré, des collègues sympas… N'oubliez rien ! Puis éteignez la bougie. Regardez la fumée se dissiper et emporter vos vœux. La nuit portant conseil, il se peut que vous rêviez de la STRATÉGIE infaillible pour trouver le job idéal !

Trouvez un plan d'attaque hors pair… (2)

Allumez une bougie verte au CRÉPUSCULE, croisez vos mains derrière la flamme, paume contre paume, et psalmodiez l'incantation suivante à trois reprises :

« Je cherche un travail
pour m'épanouir,
Un travail pour couvrir mes dépenses,
Un travail pour combler mes désirs,
Sans mauvaise pensée
ni cupidité. »

Observez bien vos paumes à travers la flamme, de la même façon détachée dont vous contempleriez un œil magique. Respirez lentement et avec apaisement. Vous recevrez l'INSPIRATION quant à la manière de trouver le travail fait pour vous !

Pour un emploi qui rapporte !

Placez un gros TROMBONE à côté d'une bougie verte. Allumez cette dernière tous les jours à partir de la pleine lune : quand la taille de la lune augmente, vos opportunités de travail et d'argent accroissent aussi. Puis récitez :

« Par les problèmes
d'argent, affaiblie je suis,
Mais un bon travail
m'attend, je le sais.
Les vaches maigres, c'est du passé,
Dans mon avenir argenté,
Toujours verte sera la bougie ! »

Laissez tomber une goutte de cire verte sur l'extrémité du trombone. Au bout de deux semaines, un petit tas de cire se sera accumulé. Glissez un BILLET DE BANQUE tout neuf dans le trombone et portez-le sur vous quand vous vous rendez à un entretien et à l'agence pour l'emploi. Puisse-t-il faire des petits !

Faites pousser vos perspectives de travail

Avec un stylo vert, rédigez la LISTE DES EMPLOIS auxquels vous pouvez prétendre et un objectif de salaire réaliste. Repliez trois fois le papier en disant à chaque fois :

« Au-dessus comme en dessous,
pour le bien de tous et sans nuire
à quiconque, ainsi soit-il ! »

Mettez le papier au fond d'un pot, recouvrez-le de terre et plantez des graines de TOURNESOL. Vos perspectives de travail grandiront en même temps que les fleurs. Vous devriez obtenir un travail bien rémunéré quand la première fleur s'ouvrira. Et n'oubliez surtout pas d'arroser la plante !

Pour vous porter chance !

Gravez sur une bougie verte la liste des emplois qui vous intéresseraient et pour lesquels vous vous esti-

Les couleurs à porter lors d'un entretien d'embauche

Portez du bleu foncé, car cette couleur est calmante et renvoie l'image de quelqu'un qui a confiance en lui. Accessoirisez avec des bijoux en or discrets, qui attirent l'argent et la prospérité, ou avec du rouge – une écharpe ou un pendentif – qui indique que vous êtes dynamique et positive !

mez qualifiée (soyez honnête avec vous-même !). Allumez cette bougie quand vous regardez les offres d'emploi, quand vous rédigez votre CV et quand vous vous préparez pour un ENTRETIEN d'embauche. Si quelqu'un peut allumer la bougie pendant que l'entretien se déroule, c'est encore mieux… Votre tatie Huguette ou votre meilleure amie peuvent peut-être vous donner un petit coup de main ? L'important est de ne jamais laisser une bougie allumée sans surveillance, car même magique, le feu reste dangereux !

Pour rester zen en toute circonstance…

Il y a des moments stressants où l'on a besoin de se RASSURER : quand on attend dans le hall de l'entreprise pour un entretien d'embauche, pour discuter avec son patron d'une promotion, pour parler salaire, en attendant la réponse d'un recruteur… Dans ce cas, psalmodiez à voix basse la formule suivante (soyez discrète, si vous n'êtes pas seule !) :

« Pour ce métier, j'ai
toutes les qualités,
Opportunités et
récompenses j'ai mérité.
La réussite j'obtiendrai,
Et par ce sort
tout sera lié. »

POUR DIRIGER SA PROPRE AFFAIRE

Mon patron, c'est moi !

Pour des débuts qui chantent…

Rares sont les bienheureux qui ont connu un succès instantané. Si vous vous lancez dans une activité artistique, par exemple, faites une copie de votre œuvre la plus aboutie et brûlez-la (ne confondez pas avec l'original !). Mélangez les cendres avec un clou de girofle en poudre (pour éliminer les ondes négatives) et de la NOIX DE MUSCADE râpée (pour attirer le succès). Avec un papier, fabriquez une étiquette et inscrivez-y « À vendre ». Avec un papier ou un tissu doré (pour le meilleur retour financier possible), enveloppez du QUARTZ transparent (pour accroître l'énergie et attirer l'attention). Placez-le sous l'étiquette en prononçant à cinq reprises cette incantation :

« L'argent est important.
Au travail ignoré, client,
Cesse d'être indifférent !
Je te rendrai les choses aisées
Si tu viens par ici acheter. »

Des plantes dans votre bureau !

Des plantes à feuilles rondes ou ovales, vert foncé, sont idéales dans un bureau. Le cercle favorise l'harmonie, le vert symbolise la prospérité, sans compter que les plantes fournissent de l'oxygène. Supprimez régulièrement les feuilles mortes qui attirent la malchance (et qui ne sont pas du plus bel effet…).

Pour que les affaires marchent…

Portez un ŒIL-DE-TIGRE près de votre gorge. Pour lui conférer plus de pouvoir, récitez l'incantation suivante tous les matins en le regardant dans le miroir :

« Je suis forte et sage,
Mes affaires prospèrent.
Indépendance et bonheur
j'acquiers.
À moi la félicité
financière ! »

POUR GÉRER LES PROBLÈMES AU TRAVAIL

Y'a pas que la musique qui adoucit les mœurs !

Pour rester zen au bureau…

En bijoux ou simplement dans votre poche, portez de l'AMBRE ! Cette pierre absorbe les ondes négatives et favorise un environnement de travail positif.

Pour atténuer les tensions

Un peu d'électricité dans l'air ? Préparez une tasse d'infusion de MENTHE et veillez à ce que ses effluves flottent dans la pièce. Ils participeront à dissiper les conflits et les ondes négatives !

Pour reprendre du poil de la bête…

Cultivez des CACTÉES sur votre bureau. Leur forme phallique et leur nature épineuse vous donneront de la vigueur et vous vous sentirez plus forte et plus sûre de vous… C'est très utile dans des métiers comme la vente !

LA CHANCE ET LA JUSTICE

Avoir du pot et que justice soit faite !

Les sorts de ce chapitre visent tous à corriger les petits déséquilibres de la vie. Ils œuvrent à la promotion de la justice et à la réussite soutenue par la chance. Mais attention : ils ne feront pas de vous une gagnante si ce n'est pas justement mérité ! Par exemple, un sort pour la réussite à un examen ne vous garantira pas l'obtention de votre diplôme si vous n'étudiez pas en amont ; un autre pour des affaires de justice ne vous donnera pas gain de cause si vous êtes en tord... Vous êtes prévenue !

DANS CE CHAPITRE, VOUS TROUVEREZ DES SORTS POUR VOUS AIDER À :

- passer vos examens haut la main!
- attirer la chance!
- éliminer les énergies négatives et éloigner les méchants...
- encourager l'éclatement de la vérité et (r)établir la justice.

améthyste
orange
corail
noix de muscade
noir
girofle

LES INGRÉDIENTS DU PLACARD !

Les ingrédients bénéfiques pour la chance, la justice et contre les ondes négatives vous serviront à bien d'autres choses du train-train quotidien qu'à préparer des sorts. Alors n'hésitez pas et ayez-les toujours près de vous !

LES CLOUS DE GIROFLE : ils ne vous ruineront pas et sont une arme efficace pour écarter les mauvaises énergies, et les individus douteux ! Achetez des clous entiers au supermarché. L'huile essentielle a les mêmes applications.

Conseils de sorcière

Pour bannir la négativité et attirer la chance, installez une petite statue de déesse en corail sur une étagère.

Quand vous lisez un traité de magie ou assistez à un cours de sorcellerie, portez un fragment d'améthyste qui vous aidera à étudier !

Mettez des fleurs de trèfle rouge dans les alvéoles d'un bac à glaçons et remplissez-le d'eau. Ajoutez ces glaçons magiques dans une boisson destinée à attirer la chance et la prospérité !

LA NOIX DE MUSCADE : elle attire extraordinairement la chance ! Gardez une noix entière dans votre cuisine et râpez-la quand vous en avez besoin. Elle reste ainsi fraîche et plus puissante que la noix de muscade moulue… Au passage, utilisez-la dans vos recettes de cuisine et savourez son parfum… Bon appétit !

LES ACCESSOIRES ORANGE : l'orange est la couleur de la justice. Munissez-vous de bougies orange ou de crayons orange pour teinter les bougies et pour écrire.

LES ACCESSOIRES NOIRS : le noir absorbe l'énergie négative comme il absorbe la lumière. Si l'on ne voit normalement pas de bougie noire sur un autel wiccan, elles sont très utiles pour les sorts, tout comme le ruban et le tissu noirs. Nombre de Wiccans gardent leurs cartes de Tarot dans un tissu noir pour éviter qu'elles n'absorbent l'énergie négative quand elles ne servent pas.

POUR FAVORISER LA RÉUSSITE DE VOS EXAMENS

Mes examens, c'est (presque) dans la poche !

Pour réaliser vos souhaits

Par une nuit de pleine lune, allumez une bougie de couleur blanche et tenez une PIÈCE D'OR entre les paumes de vos mains, à plat. Vous n'avez pas de pièce d'or ? La solution est d'envelopper alors une pièce dans du PAPIER DORÉ ! Touchez votre front avec vos paumes et récitez ceci :

« À cette heure précise, ô Déesse
Lune, j'invoque tes pouvoirs.
Par ce feu sacré, l'objet de
mes désirs tu m'accorderas,
Par cette pièce en or, ce que
je souhaite se présentera. »

Le déjeuner de la parfaite sorcière

Une salade de maïs doux agrémentée d'un œuf dur renforcera votre énergie quand vous étudierez. Le maïs doux aide à mémoriser des données et l'œuf symbolise le succès. Vous avez le choix de l'assaisonnement !

Puis touchez votre bouche, votre gorge et votre cœur en prononçant la même incantation.

Ne cédez pas à la panique !

Allumez une BOUGIE JAUNE à côté du bureau où vous étudiez. Lorsque vous sentez que la panique vous gagne, plongez votre regard dans la flamme pendant quelques instants. Contemplez également la FLAMME quand vous révisez et mémorisez des informations. Écrivez cette incantation à chaque début de prise de notes et répétez-la avant chaque examen :

« Divin Père et Déesse Mère,
Donnez-moi la lucidité,
Emplissez mon esprit de sagesse,
Et gardez-le vif et éveillé.
Je sais que je n'ai rien à craindre,
Puissent tous mes sens être affûtés.
J'écris ces mots pour
venir à la vie. »

Le jour de l'examen…

Pour vous aider dans vos études, gardez un éclat d'ÉMERAUDE dans votre manuel ou entre vos notes de lecture. Quand vous passerez vos examens, emportez-le dans un flacon. Il vous aidera à vous rappeler ce que vous avez appris et à rédiger avec talent !

Le permis de conduire, ça roule !

Pour passer votre permis de conduire sans angoisse, vaporisez quelques gouttes de votre PARFUM préféré sur un mouchoir blanc (pour l'énergie positive pure). Si vos heures de pratique se déroulent bien et lorsque vous vous sentez globalement détendue et heureuse, fermez les yeux, humez le mouchoir et dites-vous :

« Je peux le faire, je vais
le faire, la conduite m'amuse.
Je peux le faire, je vais le faire. »

Faites de même juste avant l'examen. Inutile de vous crisper sur le volant !

POUR ATTIRER LA CHANCE

La baraka, c'est pour moi !

Le porte-bonheur, c'est pas des sornettes !

N'importe quel petit objet peut se transformer en porte-bonheur : une pièce de monnaie, une pierre, une cuillère ou même une écharpe... Si vous n'avez pas encore d'objet fétiche, pourquoi ne pas acheter une pierre bienfaisante telle qu'une AVENTURINE ou un onyx noir ? Tous les matins, frottez votre pouce gauche sur la pierre en récitant cette incantation à trois reprises :

« Énergie néfaste, écarte-toi,
Je ne perdrai pas espoir
Et chasserai la négativité.
Pensées de bonheur,
pensées d'amour,
Apportez-moi la chance.
J'en prie toutes les divinités. »

Conservez votre porte-bonheur sur vous en toute circonstance.

Un cadeau porte-bonheur

En plus de vos pensées les plus affectueuses, il est facile d'affecter de la chance à un cadeau ! Frottez la face coupée d'une noix de muscade sur le paquet. L'autre méthode consiste à incorporer du bleu dans le papier d'emballage ou autour à l'aide d'une décoration ou d'un ruban bleus. Cette couleur représente la sagesse et la guérison, tant physique qu'émotionnelle.

Un bon bain pour avoir de la veine...

Faites couler un bain chaud. Ajoutez trois cuillerées à café de noix de muscade râpée ainsi que quelques gouttes d'HUILE D'AMANDE. Répétez trois fois ces mots en vous plongeant totalement dans l'eau après chaque incantation :

« Malchanceuse je fus,
Ma vie était souffrance.
Viennent à moi la bonté
et la chance,
Car la joie de vivre est mon but ! »

POUR ÉLIMINER LES ÉNERGIES NÉGATIVES

Bye-bye, mauvaises ondes !

Écrasez vos soucis avec une vieille chaussure !

Jetez vos soucis aux orties ! Écrivez tous vos problèmes et vos malchances sur un papier. Enfilez une VIEILLE CHAUSSURE et frappez-le du pied trois fois. Puis faites un feu et brûlez la chaussure. Enveloppez trois noix de muscade entières dans le papier et enterrez le tout. Quand le papier se sera décomposé dans la terre, vos problèmes seront réglés.

Capturez les ondes négatives avec du citron

Placez un quartier de citron à chaque COIN DES PIÈCES principales de votre maison en prononçant ces mots :

« Ô négatif venin,
Comme l'acidité du citron,
Envole-toi et disparais au loin !
Brille comme le soleil,
Ô lumineux citron. »

Laissez l'agrume en place jusqu'à ce qu'il noircisse, puis enterrez-le loin de chez vous.

Trois astuces en or…

1. Portez cinq NOIX DE MUSCADE entières dans votre poche droite. Elles vous aideront à éviter les désastres et à dissiper la négativité.

2. Pendant des périodes stressantes et surchargées d'activité, portez sur vous une hématite ronde sur laquelle vous aurez versé trois gouttes d'huile essentielle de LAVANDE. Dès que vous vous sentez sous pression, caressez-la lentement *deosil* avec votre pouce gauche.

3. Votre ex hante sans cesse vos pensées ? Chassez-le de votre esprit ! Prenez une longue douche chaude et lavez-vous les cheveux avec un shampoing à base de GÉRANIUM ou de SANTAL – littéralement « lavez-vous de cet homme » !

Le pouvoir de la turquoise

Si vous n'êtes pas sûre de la pureté des intentions d'une personne, portez une turquoise sur vous lors de votre prochaine rencontre et veillez à ce qu'elle soit bien visible. Si la pierre chauffe, cette personne vous veut du bien ; si elle se refroidit, méfiez-vous !

Payez-vous la pomme de vos soucis !

Coupez une POMME en deux et épépinez-la. Au stylo bleu (pour la guérison), écrivez tous les problèmes arrivés sur un papier blanc (pour la paix) et demandez au dieu Père et à la déesse Mère d'arranger la situation à la satisfaction de chacun.

Pliez le papier, placez-le dans la pomme et réunissez les moitiés de fruit avec un RUBAN NOIR (pour absorber les énergies négatives). Mangez la chair de la pomme en vous concentrant sur les changements positifs qui vont advenir dans votre vie.

Enterrez la pomme, de préférence dans un endroit où vous passez tous les jours. Quand le fruit et le papier se seront décomposés, mère Nature absorbera l'énergie négative et les soucis, puis les RECYCLERA en bonne énergie !

Conseil de sorcière

Sur une chaîne en or, portez un cristal de quartz transparent de façon qu'il soit en contact avec votre peau au niveau du cœur. Vous tirerez du cristal pouvoir et énergie. L'or vous apportera également de l'énergie ainsi que la protection du dieu Soleil.

En automne, protégez votre foyer

L'automne est là et les feuilles volent... Ramassez autant de FEUILLES ROUGES que votre domicile compte de pièces.

Disposez-les en cercle et placez une bougie bleue au centre. Allumez-la et imaginez-vous avec votre famille, heureux ensemble, en train de lire, par exemple, de travailler, de dormir en paix... Prononcez cinq fois l'incantation suivante, puis soufflez la bougie et placez une feuille dans chaque pièce :

« Feuilles rouges, don de la terre,
De la naissance à la mort
et de la mort à la naissance,
Éloignez tout mal,
Du jour à la nuit et
de la nuit au jour. »

Énergies négatives : du balai !

L'heure est venue d'utiliser votre CHAUDRON ! Remplissez-le d'eau. Placez-y une bougie noire de sorte que 2 cm environ dépassent de la surface. Allumez la bougie et répétez à neuf reprises :

« Problèmes, énergies négatives,
Laissez-moi maintenant,
laissez-moi vivre !
Vous ne pouvez plus
me faire de mal
Ni me causer d'alarme. »

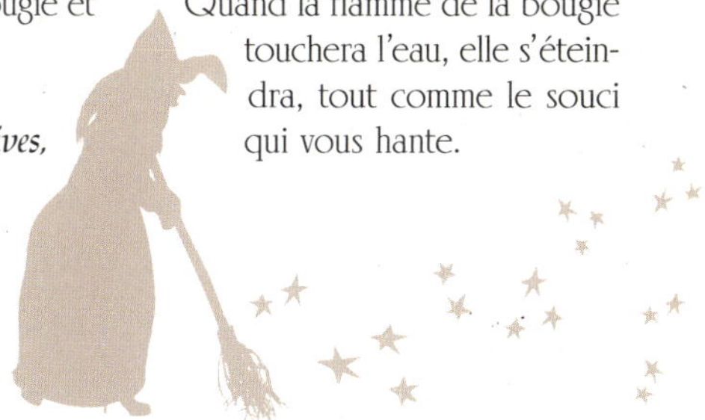

Quand la flamme de la bougie touchera l'eau, elle s'éteindra, tout comme le souci qui vous hante.

POUR DÉCOURAGER LES PERSONNES MALVEILLANTES

Quand on me cherche, on me trouve !

Pour les glacer sur place !

Une personne de votre entourage vous cherche des poux ou pompe votre énergie ? Il est temps de réagir !

Par une nuit de lune décroissante, écrivez son nom au CRAYON ORANGE (pour la justice) sur du papier blanc (pour la paix). Enroulez le papier et plongez-le dans un récipient rempli d'eau, que vous placerez, sans plus y toucher, dans un coin du réfrigérateur (ne le confondez pas avec votre mousse au chocolat préférée !). La personne concernée sera comme « congelée » et sortira de votre vie, symboliquement et dans la réalité.

Ce sort n'est pas immédiat ; il faudra peut-être plusieurs mois avant qu'il fonctionne complètement, mais vous pourriez aussi constater les premiers résultats au bout d'un mois. Lorsque le problème sera réglé, jetez le PAPIER GELÉ dans la cuvette des toilettes et tirez allègrement la chasse !

Éloignez-les durablement…

Trouvez un pendentif représentant un ANIMAL PUISSANT, tel qu'un ours, un aigle ou une panthère. Choisissez un animal que vous aimez ou, si vous accomplissez le sort pour quelqu'un, laissez-le choisir. Frottez l'intérieur du pendentif avec une goutte d'huile de girofle *widdershins* tout en disant :

« Mauvaises gens, énergies
négatives, éloignez-vous !
Je serai heureuse
et en sécurité, je le dis ! »

Puis frottez l'intérieur du pendentif avec une goutte de votre parfum préféré (ou préféré par la personne concernée) dans le sens des aiguilles d'une montre. Vous pouvez aussi utiliser du SANTAL, un parfum à forte valeur protectrice. Imaginez-vous (ou le sujet) heureuse et en sécurité dans une boule de lumière blanche positive.

Si vous pensez qu'elle le portera, donnez le PENDENTIF à la personne pour laquelle vous accomplissez le sort. Sinon suspendez-le au-dessus de sa photo.

Refaire peau neuve, ça vous dit ?

Avec un crayon noir, écrivez sur du PAPIER GRIS toutes les mauvaises choses survenues dans vos relations passées. Prenez le temps de la réflexion (des jours ou des semaines s'il le faut !) pour vous en rappeler et vous souvenir comment elles ont sapé votre énergie, votre confiance en vous, à quel point vous méritez mieux…

Lorsque vous vous sentez prête, brûlez le papier, réunissez les cendres, mettez-les dans le fond d'un pot et plantez-y des FLEURS.

Vous pouvez planter des tournesols, faciles à cultiver et représentant le dieu Soleil, une divinité masculine forte et bienveillante. Décorez le pot avec des cœurs ou peignez-le en rouge si vous traitez d'affaires amoureuses ; ornez-le de maisons et de petits bonhommes pour les relations familiales.

Au fil de la CROISSANCE des plantes, vous trouverez la force d'avancer et de trouver l'amour que vous méritez.

POUR ENCOURAGER L'HONNÊTETÉ

Ne me racontez plus d'histoires !

Un peu de persil, beaucoup de vérité !

L'arme magique de la sincérité : le PERSIL ! Pour encourager une personne à être sincère, mettez quelque chose qu'elle vous a donné (une lettre, une photo...) dans un pot et plantez du persil par-dessus. Le persil est une herbe de vérité qui favorise la TRANSPARENCE dans une relation. Rien ne vous interdit d'en prélever quelques bruns pour agrémenter vos plats !

Faites taire les langues de vipères !

Au crépuscule, allumez un feu. Dressez la liste de vos problèmes et écrivez-la à l'ENCRE NOIRE (pour absorber la négativité).

Pliez le papier trois fois et récitez l'incantation ci-dessous à chaque pli. Puis jetez le papier dans le feu.

« Ragots et calomnies de médisants,
Par ce sort, je vous chasse au vent !
Au feu brûlent leurs cancans,
Et leurs mensonges évidents.
Que le mal qu'ils répandent
Disparaisse en fumée ! »

Pour mettre fin à un mensonge

Quelqu'un vous ment, vous l'avez découvert et voulez que ça cesse ! Appuyez sa photo contre une BOUGIE BLEUE (pour la sagesse et la vérité). Allumez la bougie et prononcez le sort suivant à trois reprises :

« Terre du Nord,
la vérité tu nourris,
Trois fois trois, libère-le, libère-le.
Vent de l'Est, l'air tu purifies,
Trois fois trois, ouvre-lui les yeux.
Feu du Sud, les mensonges
tu détruis,
Trois fois trois, libère-le, libère-le.
Eau de l'Ouest, les mensonges
tu noies dans l'oubli,
Trois fois trois, ouvre-
lui les yeux. »

Répétez ce sort tous les trois jours jusqu'à ce que la personne cesse de mentir.

Négocier, c'est pas sorcier !

Qu'il s'agisse d'amour ou d'affaires, un compromis doit toujours être juste. Pour trouver cet équilibre, portez sur vous cinq grains d'ORGE et cinq grains de BLÉ lorsque vous rencontrez la personne avec qui vous négociez. J'ai entendu une version moderne suggérant l'usage de céréales pour le petit déjeuner !

POUR (R)ÉTABLIR LA JUSTICE

Parce que j'ai des principes !

Préparez le terrain… (1)

Lorsque vous rencontrez votre avocat ou que vous vous rendez au tribunal, portez des vêtements et des accessoires ORANGE. Cette couleur représente la justice. En vous préparant, prononcez ces mots :

« Vulnérable je suis,
mais justice je veux aujourd'hui.
Pour le bien de tous,
l'injustice sera bannie ! »

Préparez le terrain… (2)

Avec un marqueur orange, dessinez une FLÈCHE pointée vers le haut sur une bougie blanche. La flèche est la rune désignant la justice. Allumez la bougie à chaque fois que vous discutez avec un représentant de la loi et avant de vous rendre au tribunal.

Une décision éclairée

Pour stimuler votre clairvoyance et encourager la civilité et la coopération parmi ceux qui vous entourent, frottez un fragment d'ambre avec deux gouttes d'huile de GÉRANIUM ou de menthe, tout en disant :

« La bonne décision
nous recherchons.
Forts pour les enfants
et les faibles nous serons. »

Accomplissez ce sort tous les LUNDIS MATIN et portez l'ambre sur vous, en la mettant de préférence en évidence.

La justice à la cour

Si vous devez aller au tribunal, placez une hématite sur votre cœur et imaginez une issue juste et équitable.

Ne vous faites plus plumer !

❋ ❋ ❋

Si un ami vous doit de l'argent, dessinez sur une bougie blanche une flèche pointée vers le haut au marqueur orange. Posez la bougie sur une PIÈCE DE MONNAIE (collez-la avec une goutte de cire pour qu'elle ne tombe pas). Derrière elle, placez la photo de votre débiteur, ou, mieux encore, une photo de vous deux ensemble !

Une fois par semaine, idéalement le jeudi ou le samedi, faites brûler la bougie pendant quelques minutes au cours desquelles vous imaginerez votre ami en train de vous RENDRE L'ARGENT. Vous pouvez aussi allumer la bougie à chaque fois que votre ami vous rend visite. Cela devrait lui rafraîchir les idées !

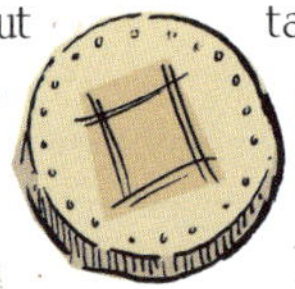

Pour un verdict satisfaisant…

❋ ❋ ❋

Pour qu'un procès trouve une issue satisfaisante, placez une copie de vos documents sur la table (attention à ne pas prendre les originaux !). Au marqueur orange, dessinez une flèche pointée vers le haut sur une bougie blanche. Ajoutez le numéro du procès ou le NOM DU JUGE en charge de l'affaire si vous le connaissez.

Allumez la bougie, placez-la sur une soucoupe ou une assiette, puis posez délicatement le tout sur les papiers. Observez la flamme et visualisez une ISSUE POSITIVE. Consacrez cinq minutes à ce sort tous les jours jusqu'à la fin du procès.

Préparez une NOUVELLE BOUGIE si la première se consume complètement. S'il reste un morceau de bougie non consumé, enterrez-le.

À LA MAISON

Home sweet home !

Qu'il est bon, après une longue journée de travail, de rentrer chez soi et de s'y sentir bien… Ne sous-estimez jamais l'importance de votre foyer et de ce qui s'y passe ! Dans ce chapitre, les sorts pour la maison vous aideront à mettre votre intérieur en accord avec votre personnalité et votre énergie. C'est une chose fondamentale si vous prévoyez d'y faire de la magie : s'il est primordial de protéger votre espace et ceux qui y vivent, il est également essentiel d'y évoluer sans perdre d'énergie émotionnelle !

DANS CE CHAPITRE, VOUS TROUVEREZ DES SORTS POUR VOUS AIDER À :

- gérer vos problèmes de voisinage (fixer des limites, favoriser la sécurité dans votre quartier...).
- purifier et protéger votre maison (éloigner les souris, la protéger des mauvaises ondes...).
- vendre votre maison et en acheter une autre (la vendre au prix que vous avez fixé, trouver votre nouvelle demeure...).

plumes blanches
cloche
sauge
noir
bougie noire
grains de poivre

LES INGRÉDIENTS DU PLACARD !

Voici les ingrédients incontournables pour la préparation des sorts liés à la maison... À vos chaudrons !

LA SAUGE : c'est l'ingrédient parfait pour dissiper l'énergie négative et purifier une pièce ! Éparpillez de la sauge séchée ou utilisez des fagotins pour fumigation. Ces pratiques nous viennent des Indiens d'Amérique...

LES GRAINS DE POIVRE NOIR : ils peuvent entrer dans la composition d'un pot-pourri magique, de fioles de protection ou d'une mixture purifiante pour protéger votre foyer.

LES PLUMES BLANCHES : symbole de l'air et de l'inspiration, les plumes interviennent dans de nombreuses magies. Les plumes blanches représentent la paix et écartent les ondes négatives.

LA BOUGIE NOIRE : allumez une bougie noire pour brûler le ressentiment des voisins, signaler aux fantômes qu'ils devraient aller voir ailleurs, ou simplement brûler la négativité et le stress après un conflit dans la maison.

Un charme contre le mauvais œil

Votre enfant est terrorisé par des monstres dans l'armoire ou sous le lit ? Attirez son attention sur une pierre de turquoise lisse et placez-la à l'endroit concerné. Expliquez-lui qu'il s'agit d'un charme magique contre le mauvais œil qui le protégera de toutes les choses négatives.

LA CLOCHE : une petite cloche au son cristallin fait partie de la panoplie d'un autel sophistiqué ! Elle peut aussi être utilisée dans la magie du foyer, surtout pour débarrasser symboliquement la maison des mauvaises vibrations et de l'énergie négative, et également pour inviter les fantômes à déguerpir.

POUR GÉRER VOS PROBLÈMES DE VOISINAGE

L'enfer, c'est les autres !

Fixez des limites…

Mélangez quatre cuillerées à soupe de gros sel, une cuillerée à soupe de poivre noir et onze clous de girofle. Ajoutez du VINAIGRE pour obtenir une pâte épaisse. Étalez la mixture à la limite de votre propriété et de celle du voisin pénible (vous pouvez toujours dire qu'elle est destinée à décourager les limaces si l'on vous pose des questions !).

Pour la paix des ménages !

Rassemblez des PLUMES BLANCHES et attachez-les à votre clôture pour favoriser l'harmonie au sein du voisinage (évitez de tuer la poule du voisin pour vous procurer des plumes !).

Si une visite imprévue tourne au vinaigre

Quand un voisin vous rend une visite désagréable (vous ne l'avez pas invité ? il se plaint de retrouver les ballons de vos enfants dans son jardin ?), placez trois grains de POIVRE NOIR dans une petite boîte (une boîte d'allumettes fera l'affaire), et emplissez-la de gros SEL et de SUCRE à parts égales.

Les grains de poivre représentent la NÉGATIVITÉ, le gros sel, la mer qui lave les problèmes dans votre foyer et le sucre, la douceur de la vie. Placez la boîte en lieu sûr et n'y touchez pas avant la fin de la visite. Ensuite, jetez-la. Préparez-en une nouvelle pour la visite suivante.

Si l'un d'eux vous donne beaucoup de fil à retordre

1. À la pleine lune, GRAVEZ LE NOM de votre voisin dans une bougie noire et entourez-la de clous de girofle. Ne devant pas être dérangée jusqu'à la nouvelle lune, installez-la donc sur un rebord de fenêtre, dans une pièce tranquille ou sur une assiette, que vous pourrez ranger dans le placard pendant la journée.

2. Laissez brûler la bougie quelques minutes en vous concentrant sur l'APAISEMENT des mauvais comportements du voisin. Allumez la bougie chaque jour.

3. À la nouvelle lune, remplacez la bougie noire par une blanche, portant également le nom du voisin gravé. Allumez-la tous les jours jusqu'à la PLEINE LUNE, en pensant à vos relations, devenues courtoises et agréables.

Un pot-pourri magique

Achetez un simple pot-pourri ou composez-le avec des fleurs séchées et des bois que vous aimez (incorporez toujours des copeaux de chêne et, idéalement, des chardons). En tournant dans le sens des aiguilles d'une montre, ajoutez cinq gouttes d'huile essentielle de citronnelle, de géranium et de menthe. Confectionnez amoureusement un nouveau pot-pourri quand l'odeur s'estompe. Cette recette magique protègera votre maison et ceux qui y vivent !

Si nécessaire (un voisin particulièrement acariâtre !), vous pouvez répéter ce sort PLUSIEURS MOIS de suite, mais vous devriez normalement constater des signes d'amélioration au bout d'un mois ou deux.

De bonnes ondes à la maison !

Grand NETTOYAGE DE PRINTEMPS ! Mélangez de l'eau minérale, du jus de citron, de l'huile essentielle de géranium et du vinaigre. À l'aide de cette préparation, lavez vos sols et vos fenêtres et briquez les chambranles ! Vous pouvez même la vaporiser sur les murs extérieurs.

Vous BANNIREZ ainsi les mauvais sentiments et l'énergie négative qui rôdent dans la maison. Puis bénissez-la en demandant aux esprits du pays et des ancêtres de veiller sur elle et sur ses occupants.

POUR PURIFIER ET PROTÉGER VOTRE MAISON

Ma maison, c'est sacré !

Ciel, des souris !

Vous avez vu une souris chez vous ? Ou vous avez des soupçons sur la présence de l'ennemi ? Bien que les souris soient adorables à certains égards, ce sort vous aidera à LES ÉCARTER et à éviter qu'une colonie n'élise domicile dans vos pénates !

Placez quelques morceaux de FROMAGE ODORANT (âmes sensibles s'abstenir…) à l'endroit où vous avez rencontré les indésirables ou devant la cachette que vous soupçonnez. Pensez fortement à tous les désagréments que procurent les souris et combien il serait plus agréable pour vous (et pour elles !), qu'elles vivent à l'extérieur. Ramassez les morceaux de fromage tout en prononçant ces mots :

« Les souris sont jolies,
Mais pas ici.
Qu'elles sortent de chez moi ! »

Placez le fromage à l'extérieur, là où les souris ne vous dérangeraient pas (pensez aussi aux autres).
Ce sort réussit mieux par LUNE DÉCROISSANTE : au fur et à mesure que la lune diminue, les souris vont voir ailleurs.

Nettoyez spirituellement votre maison

Sonnez la CLOCHE dans toute la maison, notamment dans les coins de chacune des pièces. Puis bénissez la maison en aspergeant de l'EAU DE ROSE partout (n'ayez pas la main trop lourde !). Vous pouvez aussi laver les fenêtres avec.

Balayez les mémoires anciennes à demeure…

Pour éliminer les énergies néfastes des occupants antérieurs et toute histoire négative, astiquez la maison avec une solution de VINAIGRE et d'EAU : lavez les fenêtres et les sols, en parquet ou carrelés, et vaporisez les murs. Puis faites résonner une CLOCHETTE au son clair et haut dans toutes les pièces (voir ci-dessous).

Pour écarter les personnes hostiles…

Placez un BALAI décoré de *sigils* protecteurs, dessinés en bleu, à côté de votre porte d'entrée. Lorsque vous avez des doutes sur une personne, posez-le en travers du seuil et demandez-lui de passer par-dessus. Les gens négatifs refuseront, mais s'ils acceptent, le balai absorbera la mauvaise énergie.

Conseil de sorcière

Pour nettoyer la maison des mauvaises énergies, parcourez-la en brûlant de la sauge séchée. Veillez à ce que la fumée atteigne les coins des pièces et s'envole par toutes les ouvertures.

Pour obtenir la protection des divinités

Allumez de l'encens au BOIS DE SANTAL et aspergez de l'eau de rose dans toute la maison, particulièrement dans le coin des pièces et sur les objets que vous utilisez souvent (lit, table, etc.). Pour la confectionner vous-même, ajoutez quelques gouttes d'huile essentielle de rose ou des pétales séchés de roses parfumées dans une petite bouteille d'eau minérale.

Écrivez votre propre BÉNÉDICTION à prononcer en faisant le tour de la maison. En voici un exemple :

« Je bénis cette maison pour qu'elle devienne notre vrai foyer, que nous y vivions en paix et nous sentions en sécurité, et que nous soyons toujours heureux d'y revenir. Au nom de la déesse du Foyer, Brigit, je bénis cette maison ! »

POUR VENDRE LA MAISON ET EN ACHETER UNE NOUVELLE

Changement de cap !

Un sort pour les lève-tôt !

Tous les matins à l'AUBE, regardez votre annonce et prononcez les mots suivants :

« Bientôt sera vendue la maison,
Ce jour des acheteurs viendront.
Assez d'argent ils apporteront
Pour faire avancer ma situation. »

Faites savoir que vous vendez !

Votre panneau « À vendre » est bien visible, mais vous voulez être sûr qu'il attire l'attention ? À l'arrière du panneau, placez une flèche en cristal de quartz. Peignez la porte d'entrée en vert (pour la prospérité) afin d'obtenir un bon prix. Si ce n'est pas possible, installez une plante à feuilles ovale vert foncé, par exemple un LAURIER, près de la porte d'entrée.

Pour vendre au prix coûtant

S'il est plus important pour vous de fixer un prix de vente élevé plutôt que de conclure l'affaire rapidement, brûlez de l'ENCENS avant chaque visite. Pendant que vous faites le ménage en vue d'une visite et que l'encens brûle, imaginez l'acheteur potentiel, tout sourire, en train de vous tendre une liasse de billets. Bonne chance !

Pour savoir où élire domicile... (1)

Si vous hésitez sur le choix de votre nouvelle maison, utilisez une VIEILLE CLÉ (pas celle de votre domicile actuel). L'idéal est une clé dont vous ignorez la provenance (fouillez les brocantes ou demandez à un ami, par exemple). Une fois par semaine, au crépuscule, tenez la clé entre vos paumes à plat, détendez-vous et ralentissez votre respiration. Concentrez-vous pendant quelques minutes sur votre nouveau foyer. Avec le temps, vos pensées devraient se concrétiser en une liste de CRITÈRES et le lieu où vous avez envie de vivre se dessinera !

Pour savoir où élire domicile... (2)

Pour lever vos doutes sur votre nouveau lieu de vie, évitez

de faire votre choix en tirant à pile ou face ! À la nouvelle lune, munissez-vous d'un PAPIER BLEU et d'un stylo blanc. D'un côté de la feuille, écrivez cinq excellentes raisons de choisir un lieu. Avec un stylo noir, écrivez au verso cinq raisons de ne pas le choisir. Procédez de même pour chaque domicile potentiel. Placez les papiers sous votre OREILLER et lisez-les tous les soirs avant de vous coucher. À la pleine lune, vos rêves vous guideront vers l'endroit idéal pour vous !

Visualisez votre nouveau nid !

1. Récoltez de l'eau du QUARTIER où vous souhaitez vivre, de préférence d'origine naturelle (étang, rivière, source…).

2. Dans votre chaudron, allumez une chandelle en CIRE D'ABEILLE (parce qu'elle provient du foyer des abeilles) et ajoutez délicatement de l'eau de façon que la flamme dépasse de quelques centimètres. En versant l'eau, pensez aux bienfaits que vous apportera votre nouveau foyer, combien il alimentera votre créativité et votre capacité à faire ce que vous aimez.

3. Installez-vous confortablement en face de votre chaudron et ralentissez votre RESPIRATION. Contemplez l'eau et le reflet de la flamme qui danse à sa surface *(hydromancie)*.

4. Quelques instants plus tard, des images devraient vous apparaître à la surface de l'eau. Par exemple, le reflet de la flamme pourrait former une LETTRE (peut-être l'initiale de la rue où vous devriez habiter ?). Vous pourriez aussi y discerner une FORME (s'il s'agit d'un oiseau, peut-être trouverez-vous le nid de vos rêves dans une rue portant un nom d'oiseau ?).

Pour favoriser le coup de cœur…

Sur une feuille de papier blanc uni, DESSINEZ un carré surmonté d'un triangle (à bon entendeur, une maison comme l'aurait dessiné votre fils de quatre ans !). En haut du carré, à gauche, écrivez les trois caractéristiques primordiales de votre future demeure.

Si vous êtes en couple, votre partenaire devrait faire de même sur le côté droit, afin que votre MAISON DE PAPIER réunisse les préférences des deux ! Au milieu du carré, dessinez un cœur symbolisant votre bonheur commun dans votre nouveau foyer. Repliez le papier QUATRE FOIS – deux fois chacun, chacun à votre tour – et emportez-le lors des visites que vous effectuez.

Trouvez un locataire digne de confiance

Tous les locataires ne sont pas parfaits… Pour en attirer un qui ne vous pose pas de problèmes relationnels ni financiers, rédigez votre annonce avec un stylo vert (pour la prospérité) sur du papier jaune (pour trouver un locataire sympathique). Quand un candidat vous rend visite, placez un cristal enveloppé de tissu jaune dans la pièce principale (cachez-le si vous voulez !) de façon que l'atmosphère de la pièce soit amicale et dégage une énergie positive forte.

Pour un déménagement serein

Si la perspective d'un déménagement vous met dans tous vos états, apaisez-vous ! Procurez-vous une CORNALINE, en pierre brute ou en bijou. Une fois par semaine, fermez les yeux quelques minutes, détendez-vous et ralentissez votre respiration en touchant la pierre. Imaginez-vous dans votre nouveau foyer, heureuse et en bonne santé. Portez la cornaline sur vous à chaque démarche liée au déménagement. Bon courage !

EN FAMILLE ET ENTRE AMIS

Le nerf de la guerre !

Les sorts destinés à la famille et aux amis vous aideront à détendre des relations devenues inconfortables, bloquées, distendues... Retenez bien qu'ils ne forceront personne à se lier d'amitié avec vous, car l'amitié forcée n'est autre qu'un chantage magique ou émotionnel qui n'a rien à voir avec l'amitié réelle ! Et de toute façon, vous n'avez pas besoin de sorts pour vous faire des amis !

DANS CE CHAPITRE, VOUS TROUVEREZ DES SORTS POUR VOUS AIDER À :

- prendre soin de votre famille (aider votre enfant à dormir, vous réconcilier après une dispute avec un être cher...).
- entretenir l'amitié (approfondir une nouvelle relation, éviter les conflits...).
- veiller sur votre animal de compagnie.

LES INGRÉDIENTS DU PLACARD !

Voici les ingrédients qu'il est toujours bon d'avoir sous le coude si vous souhaitez accomplir des sorts pour améliorer vos relations amicales et familiales.

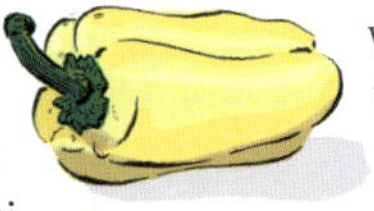

LES ALIMENTS JAUNES : les poivrons, les courges jaunes et les bananes accroissent l'amitié. Disposez-les en décoration sur votre autel de sorcière quand vous jetez des sorts familiaux et amicaux et servez, lors des repas, des plats contenant des ingrédients jaunes. En plus de favoriser l'amitié, ils vous transmettront l'énergie du soleil !

LE GÉRANIUM ET LA MENTHE : ces deux herbes sont merveilleuses pour éliminer la négativité et toutes les mésententes insignifiantes qui surviennent. En utilisation sur les bougies, dans les bains ou sur les vêtements, les huiles essentielles sont le moyen le plus pratique, mais vous pouvez aussi servir une infusion de menthe ou offrir des herbes en pot en cadeau !

LA CORNALINE : la couleur brun-jaune de la cornaline symbolise l'amitié et son aspect enrichissant. Le brun représente la terre Mère.

LES VÊTEMENTS ET LES BOUGIES BLANCHES : le blanc représente l'énergie positive pure et favorise la paix. Si vous avez des problèmes avec des membres de votre famille, portez du blanc lors de votre prochaine rencontre, confectionnez un sac à charmes avec du tissu blanc ou brûlez quelques bougies blanches.

LES BOUGIES À LA CIRE D'ABEILLE : la cire d'abeille est

naturellement jaune et le travail des abeilles pour la confectionner nous rappelle à tous que même si l'entretien d'une relation demande des efforts, le résultat est beau.

LES ACCESSOIRES JAUNES : le jaune est la couleur de l'amitié. Rédigez vos courriers sur du papier jaune ou avec un stylo jaune. Pour les sorts, munissez-vous de rubans ou de bougies jaunes.

POUR PRENDRE SOIN DE VOTRE FAMILLE

Smala chérie, je t'aime !

Enfants qui dorment mieux, parents heureux !

Si votre enfant fait des cauchemars ou a peur du noir, calmez ses angoisses ! Faites-lui éparpiller du ROMARIN dans une partie de sa chambre, qu'il pourra alors considérer comme une « zone de sécurité ». Il jouira d'une ambiance paisible, aura moins de cauchemars et dormira mieux (vous aussi, peut-être, par la même occasion !). Si vous ne voulez pas initier d'ores et déjà votre enfant à la magie, faites-le à sa place.

Marmots : stop aux prises de becs !

Si vos enfants se chamaillent constamment (et le cas n'est pas si rare !), récupérez des CHEVEUX dans leurs brosses à cheveux, liez-les ensemble avec un ruban bleu (pour la paix et la sagesse) et déposez-les dans un endroit où ils s'entendent généralement bien.

Aidez votre enfant à surmonter votre divorce

Les enfants de parents divorcés ont parfois du mal à gérer la situation. Ce sort peut les aider. Allumez une BOUGIE VIOLETTE (pour l'intériorité et la sagesse) et une BOUGIE BLEUE (pour la guérison et le calme) en face d'une photo des enfants souriants. Contemplez la photo et imaginez combien ils seront heureux et bien équilibrés dans le futur. N'hésitez pas à formuler à haute voix les projets que vous avez pour eux. En soufflant les bougies, prononcez ces mots :

« Pas facile de
se comprendre,
Ma famille n'est
pas tendre.
Merci de leur
faire entendre
Combien c'est
difficile pour moi. »

« Pour [prénoms de vos enfants],
je demande le bonheur et la joie.
Que la colère les quitte, que
la vérité de tout leur apparaisse. »

Soyez enfin comprise !

Voici un sort à essayer si des membres de votre famille refusent de comprendre votre point de vue. À leur prochaine visite, préparez une INFUSION DE MENTHE, ajoutez une cuillerée à soupe de miel dans chaque tasse et remuez *deosil* en psalmodiant (à voix basse s'ils sont à proximité !) :

Pour vous rabibocher…

Si vous êtes brouillée avec un membre de votre famille car il vous a blessée, écrivez-lui une LONGUE LETTRE sur du papier bleu (pour la guérison et la sagesse). Expliquez-lui pourquoi vous êtes perturbée, mais dites-lui aussi que vous ne voulez pas que le ressentiment persiste entre vous. Glissez la lettre dans une enveloppe blanche (pour l'énergie positive) et, si possible, ajoutez une PHOTO DE VOUS DEUX, heureux ensemble. Écrivez l'adresse avec un stylo jaune (pour l'amitié). N'envoyez pas cette lettre, mais conservez-la en lieu sûr jusqu'à ce que vos relations aient repris un cours normal.

Une famille zen (et une haleine fraîche) !

Vous aimez les bonbons blancs à la menthe ? Imprégnez-les d'énergie en les posant, enveloppés, sur un rebord de fenêtre pendant la lune croissante. La DÉESSE LUNE les bénira avec bienveillance et amour. Puis offrez-les à votre famille quand vous lui rendez visite. La menthe est bénéfique car elle CALME LES NERFS et apaise les relations difficiles. Le blanc favorise la paix.

Dégustez vous-même ces bonbons pour éliminer les ÉMOTIONS NÉGATIVES qui peuvent s'être accumulées au fil des ans. (Vous avez bien fait d'en préparer une bonne quantité !)

Sur la piste de vos ancêtres

Pour retrouver un membre de la famille que vous avez perdu de vue ou des informations concernant un ancêtre, dessinez l'ARBRE GÉNÉALOGIQUE de cette personne si vous le connaissez, jusqu'aux arrière-grands-parents et/ou aux arrière-petits-enfants. Au stylo vert (pour la prospérité et la chance), écrivez son nom au centre. Puis posez-y un cristal de quartz pour attirer l'énergie sur lui.

Si vous vous faites du mauvais sang pour un parent…

Quand vous vous inquiétez pour un parent mais ne voulez pas être trop protecteur ni indiscret (les ados de 18 ans et les grands-oncles de 70 ans bien tassés détestent qu'on les couve !), fermez les yeux et respirez profondément à trois reprises. Visualisez le sujet de votre anxiété heureux et plein de gaieté. Imaginez que cette personne prend son téléphone et vous appelle ; regardez-le appuyer sur chaque touche et placer le téléphone contre son oreille, puis imaginez que votre TÉLÉPHONE SONNE. Bientôt votre téléphone sonnera réellement et cette personne vous dira que tout va bien !

Rêvez de ceux qui sont partis

Avant de vous coucher, prenez un bain agrémenté d'huile de géranium, puis enfilez votre tee-shirt favori et, dans votre lit, rappelez-vous des bons moments passés avec l'être aimé qui est parti. Alors, vos rêves seront heureux.

POUR ENTRETENIR L'AMITIÉ

L'amitié, c'est pour la vie !

Pour approfondir une amitié naissante

Si vous avez fait la connaissance d'une personne avec qui vous souhaitez faire plus ample connaissance et vous lier d'amitié, écrivez son nom sur un papier blanc avec un stylo jaune. Autour, dessinez un *pentagramme* avec cinq gousses de VANILLE.

Pour une amitié sereine…

Pour éviter qu'une relation ronge vos nerfs, imaginez-vous dans une BOULE D'ÉNERGIE jaune. À l'extérieur de la boule, une éponge blanche immaculée absorbe l'énergie négative ou une exigence à laquelle vous ne pouvez pas répondre. Quand la personne est partie, imaginez la même éponge, maintenant

L'art de choisir le bon sort

Si un sort ne donne pas les résultats escomptés, demandez-vous si vous avez pris les choses dans le bon sens ou si vous pédalez dans la choucroute ! Par exemple, avez-vous essayé de trouver de nouveaux amis alors que vous deviez plutôt resserrer les liens avec ceux de longue date ? Avez-vous jeté un sort d'amitié parce que vous êtes trop timide pour un sort d'amour ?

souillée, tombant loin de vous et réabsorbée par la Terre Mère.

Êtes-vous vraiment comme les deux doigts de la main ?

Trouvez deux CORNALINES jaunes, les plus semblables possible. Placez-les à la gauche de votre lit afin qu'elles guident votre intuition : cette amitié mérite-t-elle tous les efforts que vous déployez pour elle ?

Si ses petits travers vous agacent…

Quelque chose vous contrarie dans l'attitude de votre ami ? Prenez une longue bande de papier (dans le cas d'un ami pique-assiette, l'addition du restaurant où vous l'avez invité fera l'affaire !). À l'une des extrémités, écrivez votre nom. Faites de même à l'autre extrémité avec le nom de votre ami. Jetez le papier dans le FEU pour brûler la négativité de cette relation.

Pour délier les langues

Frottez une bougie jaune avec de l'huile de GÉRANIUM pour favoriser votre communication (cette couleur est bénéfique à l'amitié et à la parole). Puis gravez le nom de votre ami sur la bougie à l'aide d'une épingle ou de votre *athamé* si vous en possédez un.

Allumez la bougie et restez près de votre téléphone, ou de votre ordinateur, pendant DIX MINUTES deux fois par jour. La communication devrait s'améliorer progressivement. Allumez la bougie plus souvent si vous avez désespérément besoin d'avoir de ses nouvelles !

Allez vers les autres !

Allumez une bougie jaune dans la PARTIE NORD de votre maison (pour la Terre, enrichissant comme une bonne amitié) et prononcez les mots suivants :

« Amitié, viens à moi,
Angoisses sociales, quittez-moi !
Je veux m'amuser,
Ne plus, chez moi, me cacher. »

Répétez ce sort deux fois par semaine, aussi longtemps que nécessaire !

Élargissez votre réseau d'amis (1)

Si vous avez envie de vous faire de nouveaux amis dans une soirée, à votre salle de sport ou autre, faites le tour de votre garde-robe et choisissez du JAUNE. Peu importe qu'il ne soit pas visible ; des sous-

Élixir magique

Dans une grande tasse, versez de l'eau très chaude. Ajoutez une cuillerée à café d'écorce de chêne blanc séchée, trois feuilles de menthe fraîches (pour favoriser les bonnes relations) et une cuillerée à café de zeste de citron (pour favoriser l'amitié et symboliser le dieu Soleil). Agrémentez de miel à votre goût ! Cette boisson vous donnera de la force intérieure. Partagez-la avec un ami ou avec quelqu'un avec qui vous espérez plus qu'une amitié. . .

vêtements ou des chaussettes feront parfaitement l'affaire ! En mettant ce vêtement, dites :

« Trop timide, parfois je suis,
Mais des amis je cherche aujourd'hui
Qui soient de joyeux complices.
Et maintenant, que ce sort s'accomplisse ! »

Élargissez votre réseau d'amis (2)

Faites NEUF NŒUDS à un ruban jaune ou une ficelle de 23 cm de longueur. À chaque nœud réalisé, récitez cette incantation :

« Par le pouvoir de trois fois trois, de nouveaux amis je veux voir. »

Portez partout où vous allez la ficelle ou le ruban noués.

Conseil de sorcière

Pour attirer de nouveaux amis dans votre vie, portez des bijoux ornés de lapis-lazuli ou d'œil-de-tigre. Vous ferez alors d'une pierre, trois coups : ces pierres sont également bénéfiques dans le travail et les affaires !

POUR VEILLER SUR VOTRE ANIMAL DE COMPAGNIE

Une cohabitation… au poil !

Une compagnie sous les meilleurs hospices…

Au stylo bleu, dessinez sommairement l'animal que vous souhaitez avoir et placez dessus un aliment potentiellement à son goût (de l'herbe à chats pour un chat, un os pour un chien, une carotte pour un lapin…). Posez le tout sur votre AUTEL DE SORCIÈRE ou un rebord de fenêtre et demandez à la déesse Bast d'amener cet animal à vous. Quand il sera là, faites-lui déguster l'aliment utilisé pour le sort !

Votre chouchou est un fugueur invétéré ?

***

Découragez ses escapades en douceur ! À l'aide de votre index gauche, tracez délicatement une CROIX DE BRIGIT (avec des bras de longueur égale) sur la tête, le dos, le ventre et les pattes de votre animal. S'il a la bougeotte, ne désespérez pas et accrochez-vous ! Puis prononcez cette incantation à chaque croix :

« Tu ne partiras plus au loin,
tu resteras à la maison ! »

Le meilleur moment pour réaliser ce sort est la PLEINE LUNE. Il peut être répété tous les mois pour conserver sa force !

Pour le retrouver si vous l'avez perdu…

***

Vous avez perdu votre animal de compagnie ? Pas de panique ! Ce sort magique vous aidera à le retrouver.

1. Placez sa PHOTO ou un objet qui lui appartient (jouet ou collier par exemple) sur un joli plat. Saupoudrez du sucre *deosil* autour du bord du plat.

2. Expliquez aux FÉES et aux ESPRITS pourquoi vous tenez tant à votre compagnon et pourquoi vous souhaitez absolument le retrouver.

3. Ralentissez votre respiration, fermez les yeux et appelez MENTALEMENT votre animal… Vous pourriez bien avoir un éclair d'intuition sur l'endroit où il se trouve ! Autrement, prenez le jouet entre vos paumes et visualisez votre petit chouchou

passant la porte, tout heureux de vous revoir. Et vous donc !

4. Répétez ce sort tous les jours jusqu'à son retour. Puis rassemblez tout le sucre que vous aviez répandu et dispersez-le dans un COURS D'EAU rapide. Remerciez les puissances occultes de leur aide dans vos recherches et de leur heureuse issue. Et refaites un câlin à votre compagnon bien-aimé, cela s'impose !

Pour le protéger de tout ce qui pourrait lui nuire...

Protégez votre animal en toute circonstance ! Placez sa photo sur un LINGE BLEU et récitez ces lignes :

« Déesse Diane, protectrice
des animaux,
Veille à la sécurité de [nom de votre animal] *jusqu'au*
coucher du soleil.
Écarte tout mal de son chemin,
Reste à ses côtés et étends
ta protection sur lui. »

Éradiquez les bestioles qui attaquent votre chien !

Les petits insectes irritent votre chien autant que vous ! Pour avoir leur peau, après le bain de votre petit protégé, ajoutez quelques gouttes d'huile essentielle de géranium à la DERNIÈRE EAU de rinçage ou frottez-en son cou en récitant neuf fois :

« Vers, puces et tiques,
Petites bestioles invisibles,
Partez au loin tout de suite,
Irritations et maladies
aussi, et restez-y ! »

LA SANTÉ ET LE BIEN-ÊTRE

Y'a pas de mal à se faire du bien !

La magie est un complément fantastique de la médecine occidentale classique. Cependant, consultez toujours votre médecin en cas de trouble ou de maladie, mieux vaut rester prudent ! Assurez-vous que le sort n'interférera pas avec le traitement prescrit : certaines herbes sont contre-indiquées en association avec les anticoagulants ou les contraceptifs. Et ne vous fiez pas à des soi-disant sorciers qui prétendent vous guérir contre de l'argent ! Si vous souhaitez aider quelqu'un qui est opposé à la magie, n'accomplissez pas de sort en son nom, mais priez vos propres divinités ou anges en sa faveur !

DANS CE CHAPITRE, VOUS TROUVEREZ DES SORTS POUR VOUS AIDER À :

- réduire votre stress et croire en vous !
- soulager les maux et les bobos...
- stimuler la fertilité et gérer la grossesse !
- prendre soin de vous !

menthe
aliments frais et bios
quartz transparent
lavande
bleu
œufs blancs

LES INGRÉDIENTS DU PLACARD !

Voici les ingrédients qui vous seront nécessaires pour les sorts. Ayez-les toujours sous la main, car comme dit le proverbe, mieux vaut prévenir que guérir !

LES ŒUFS BLANCS : le blanc représente l'énergie pure ; l'œuf est un symbole de fécondité, la bénédiction de la déesse Mère et le cercle de la vie. Lorsque nous sommes malades, il nous rappelle à quel point il est important d'apprécier les moments où nous sommes en bonne santé. Relativiser, c'est important !

LES ALIMENTS FRAIS ET BIOS : les recettes magiques s'appuient sur la couleur et la forme des aliments. Par exemple, le rouge est bon pour la vigueur et les formes phalliques, vertes, stimulent la fécondité. Les légumes minces aident à perdre du poids… Vive les haricots verts !

LA MENTHE : merveilleusement purifiante et calmante, la menthe peut être utilisée dans un pot-pourri, en infusion ou dans des recettes magiques. Elle est très facile à cultiver mais risque d'envahir le jardin. Surveillez-la de près !

LA LAVANDE : on ne fait pas mieux pour éliminer le stress et calmer. Cette herbe se conserve longtemps sous forme séchée et possède une odeur délicieuse. Mais vous en avez sûrement déjà dans tous vos placards, ne serait-ce que pour parfumer votre linge !

LE QUARTZ TRANSPARENT : cette pierre est puissante pour toutes les formes de magie. Elle est merveilleusement efficace pour attirer une attention positive sur vous, entretenir votre confiance et regonfler votre énergie quand vous êtes fatiguée, lorsque vous n'avez pas le moral ou quand vous vous remettez d'une maladie.

LES ACCESSOIRES BLEUS : le bleu est la couleur de la guérison et de la sagesse. Il intervient beaucoup dans les sortilèges pour la santé. Collectionnez les rubans bleus et les chutes de tissu bleu, et veillez à avoir toujours dans votre garde-robe des vêtements bleus.

POUR DIMINUER LE STRESS ET PRENDRE CONFIANCE

Ma meilleure amie, c'est moi !

Pour lutter contre l'agressivité ambiante…

Il y a de l'électricité dans l'air au bureau ? Vous assistez à une réunion de famille houleuse ? Cette potion magique vous aidera à gérer votre stress et à éliminer les ondes négatives et l'agressivité des autres à votre égard !

Préparez une infusion de CAMOMILLE ou de MENTHE fraîche, ajoutez une cuillerée à soupe de miel et remuez *deosil* en récitant ceci :

« Que le stress disparaisse !
De la négativité, je ne veux pas.
Amitié et amour vont s'épanouir,
Que la clarté règne sur ce jour,
Sans l'ombre d'une tristesse ! »

Déplacez-vous avec votre tasse afin que chacun en sente le parfum. Et offrez cette délicieuse boisson à la ronde !

En cas de doute ou d'anxiété…

Portez un cristal de QUARTZ à même la peau, au niveau du chakra de la gorge, pour accroître votre assurance. À chaque fois que vous vous sentez particulièrement anxieuse ou doutez d'avoir fait le bon choix, touchez le quartz et dites (à voix basse si vous êtes en public !) :

« Je suis forte, j'ai raison,
Que toutes les puissances
guident mon âme,
Guident mon corps,
Qu'elles me guident. »

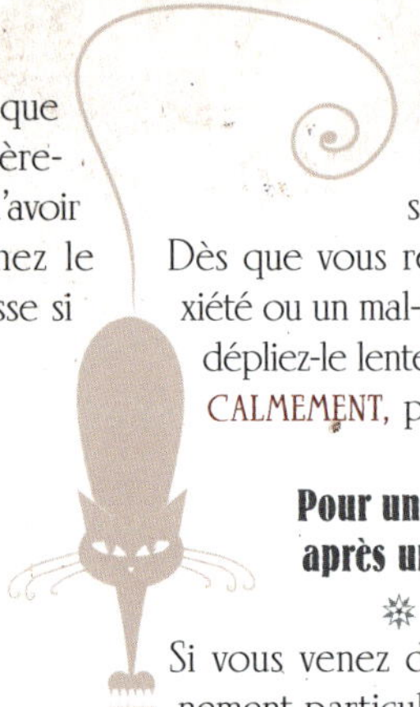

Apaisez vos angoisses

Prenez un morceau de tissu bleu de la taille d'un mouchoir et dessinez-y un ANIMAL qui incarne à vos yeux la force et l'endurance. Un ours, un aigle, un puma ou tout autre animal de votre choix… Versez une goutte d'huile essentielle de LAVANDE sur chaque coin du tissu, repliez celui-ci quatre fois et gardez-le dans votre poche ou dans votre sac en permanence. Réimprégnez le tissu de lavande une fois par semaine environ. Dès que vous ressentez de l'anxiété ou un mal-être quelconque, dépliez-le lentement et RESPIREZ CALMEMENT, par le nez.

Pour un état serein après un coup dur

Si vous venez de vivre un événement particulièrement éprouvant, comme une rupture ou une attaque physique, laissez tomber un fragment de QUARTZ ROSE dans votre tasse à chaque fois que vous dégustez un thé ou une infusion. Cela vous aidera à vous détendre et à oublier.

Pour accroître votre assurance !

Pour renforcer votre force intérieure, prononcez l'incantation suivante en remuant un aliment *deosil* :

« Si faible on m'a connue,
Je ne le serai plus ! »

Pour renforcer l'estime de soi

Placez la statue d'un animal fort qui a vos faveurs, comme un ours ou un aigle, à un endroit où il peut recevoir les rayons du soleil. Visualisez le soleil et l'ESPRIT de l'animal vous apportant bonheur et force. Inutile d'investir dans un bronze signé : un jouet en plastique fera l'affaire !

Prenez un bain antistress !

Faites trempette dans un bon bain avec une préparation sur mesure ! Pour éliminer le stress, concoctez un mélange à base de géranium à senteurs de citron ou de citronnelle. Pour absorber la malchance, utilisez le GIROFLE. Pour l'amour, la CANNELLE est de mise !

Mettez les herbes dans une étamine blanche (le blanc pour la paix) et liez les coins ensemble pour former une BOULE. Plongez celle-ci dans un bain chaud ou suspendez-la à la pomme de douche. Quand vous avez suffisamment barboté dans votre bain, regardez l'eau se vider par le siphon et imaginez que tout votre stress s'écoule avec elle.

Faites le plein de positivité avec vos produits de beauté !

1. Prenez votre pot de crème hydratante ou de FOND DE TEINT préféré et exposez-le à la lumière de la PLEINE LUNE durant toute une nuit. En le posant sur le rebord de la fenêtre, le soir, et en le reprenant le lendemain matin, implorez la Jeune Fille, la Mère ou la Vieille Femme (en fonction de votre âge). Demandez-lui de vous aimer et vous guider.

2. Exposez le pot à la lumière du SOLEIL durant une journée. En le posant tôt le matin et en le reprenant au crépuscule, demandez énergie, force et confiance en vous au dieu Soleil.

Votre produit ne se contentera plus de vous apporter un

supplément de beauté, mais vous offrira son ÉNERGIE MAGIQUE positive et vous donnera confiance en vous quand vous vous trouverez face à de nouvelles personnes ou dans une situation socialement inconfortable… Laissez agir le charme !

Dormez sur vos deux oreilles (1)

Après une journée stressante, faites-vous du bien ! Préparez-vous une boisson délicieuse et réconfortante : une petite tasse de LAIT CHAUD additionné de miel. La blancheur du lait représente la paix et le calme, ainsi que la protection de la déesse Lune. Le miel incarne la douceur d'une bonne nuit de sommeil. Remuez *deosil* et dites :

« Sommeil, viens à moi,
Toi qui viens du ciel.
Que long et doux mon sommeil soit,
Jusqu'à l'heure du réveil. »

Si vous accomplissez ce sort pour un enfant qui a besoin d'être apaisé, mentionnez son nom dans l'incantation.

Conseil de sorcière

Vous avez le moral dans les chaussettes ? Préparez-vous une infusion de camomille et de menthe pour calmer l'estomac et l'esprit, et stimuler l'énergie. Remuer les plantes deosil avec une cuillère rouge et manger dans une assiette rouge vous procureront vitalité et vigueur !

Dormez sur vos deux oreilles (2)

Si les mauvais rêves et les cauchemars empoisonnent vos nuits, éparpillez du ROMARIN SÉCHÉ autour de votre lit pour créer un cercle protecteur, dans le sens inverse des aiguilles d'une montre. Dans le même temps, imaginez-vous en train de dormir profondément, avec un sourire de satisfaction ! En répandant l'herbe, récitez ceci :

« Calme et paisible sera mon sommeil ;
Ni tracas, ni cauchemars
– juste le calme.
Au travail, j'en récolterai
les bienfaits. »

Pour compléter le sort, ÉCRIVEZ votre problème précis du moment avant de vous coucher, afin de le sortir de votre tête et d'avoir l'esprit plus libre. Bonne nuit !

POUR SOULAGER LES MAUX ET LES BOBOS

Même pas mal !

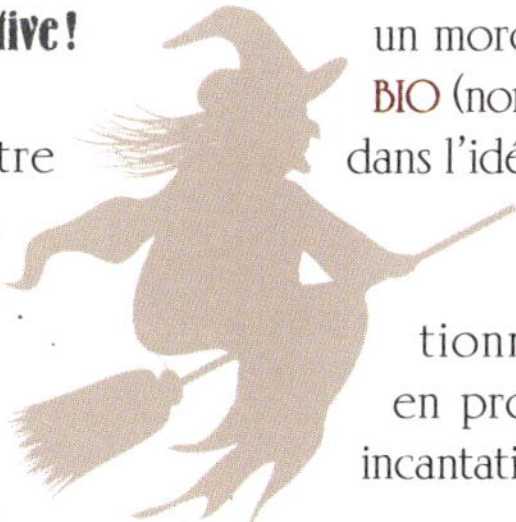

Pratiquez la pensée positive !

Entretenez votre bien-être jour après jour. Le matin, avant de vous lever, imaginez-vous dans une boule d'ÉNERGIE et de SANTÉ. Faites de même pour vos enfants et les autres membres de votre famille. Répétez cet exercice dès qu'un problème de santé vous angoisse…

Pour soulager les petits tracas inconfortables…

Enveloppez délicatement la photo de la personne concernée avec un morceau de COTON BIO (non teinté ou blanc dans l'idéal, mais le bleu, bénéfique à la guérison, fonctionne aussi) tout en prononçant cette incantation :

« Je te lie par l'amour,
je t'enveloppe de coton,
Que cet antidouleur t'entoure
comme un cocon.
Puissent les plus radieuses
bénédictions
Cette nuit te baigner.
Tu es aimé, ta douleur
sera soulagée. »

Pour soulager la douleur de quelqu'un…

❋ ❋ ❋

Gravez le nom de la personne concernée dans une bougie bleue et frottez-la avec de l'huile essentielle de MENTHE. Allumez la bougie au moins une fois par semaine, ainsi que lorsque vous sentez que le temps change ou que cette personne est en difficulté. Puis récitez cinq fois cette incantation :

« Inconfort et douleur,
Vont maintenant disparaître.
Je vous implore Dieu
Père et Déesse Mère
De débarrasser [nom]
du mal et de la douleur. »

Accélérer la cicatrisation d'une blessure

❋ ❋ ❋

La MÉLISSE, que les abeilles adorent, favorise la cicatrisation rapide d'une blessure. Prenez votre *athamé*, un coupe-papier ou un couteau à lame émoussée. Entourez-le d'une feuille de mélisse et maintenez-la en place avec une ficelle bleue.

EFFLEUREZ la blessure avec le couteau enveloppé. Puis demandez à l'énergie du corps et à Mère Nature d'aider la guérison (pour les blessures autres que les petits bobos, ne jouez pas les héros et consultez illico presto un médecin !). La mélisse est facile à cultiver en POT ou en pleine terre et donne des infusions délicieuses : le plaisir est aussi un bon médicament !

La turquoise vous protège

Portez un gros fragment de turquoise quand vous faites de l'exercice, notamment des sports de combat ou à risque, ou quand vous faites du ménage ou du bricolage. Si un accident survient, on dit que c'est plutôt la pierre qui casse au lieu des os !

POUR LA FÉCONDITÉ ET LA GROSSESSE

Bientôt Maman ?!

Deux rubans et une bougie pour un beau bébé !

Sur une BOUGIE ROUGE, gravez le nom que vous envisagez pour votre bout de chou (rassurez-vous, vous avez parfaitement le droit de changer d'avis en cours de route !). Attachez un RUBAN BLEU autour de la bougie (pour la guérison, la sérénité et l'éloignement du stress) et un ruban vert (pour la fécondité). Placez la bougie allumée sur votre table de nuit à chaque fois que vous faites l'amour. N'oubliez pas de l'éteindre quand vous avez fini votre affaire !

Augmentez vos chances de tomber enceinte !

Pour stimuler la fécondité, consommez un ŒUF par jour à partir du début de votre période d'ovulation. En le dégustant (vous avez le choix de la recette !), visualisez le développement de vos œufs et leur préparation à la fécondation. Pour les hommes, UNE CAROTTE par jour est de rigueur… Elle est un puissant symbole phallique qui représente la virilité (elle rend aussi aimable, ce qui n'est pas désagréable !).

Pour favoriser la bonne conception de votre bambin

L'ingrédient principal de ce sort peut être difficile à trouver, mais l'effort en vaut la peine ! Mettez la main sur une MUE DE SERPENT : un zoo, un refuge d'animaux ou une animalerie peuvent vous la fournir… Conservez-la sous votre lit, enveloppée d'un tissu vert. La peau représente le renouveau et la croissance des bébés ; le vert, la fécondité et un avenir positif.

Bébé est en route ! Je veux une grossesse zen

Vous attendez un heureux événement ? Félicitations ! Pour vivre votre grossesse en pleine santé, procurez-vous une POMME ou une POIRE « parfaite » (sans aucune talure, fissure ou marque). Choisissez la pomme si vous espérez un garçon et la poire pour une fille (si vous connaissez déjà le sexe de votre enfant, ça marche aussi !).

Frottez le fruit sur votre VENTRE dans le sens des aiguilles d'une montre tout en priant Cerridwen, Freya, Brigit, ou une autre déesse Mère de vous accorder une GROSSESSE SAINE. Puis coupez le fruit en autant de morceaux que de mois restants avant votre accouchement et enterrez-les dans un sol fertile. Répétez ce sort une fois par mois tout au long de la grossesse.

Conseil de sorcière

Si vos règles durent longtemps, sont douloureuses et qu'elles vous fatiguent, portez un bracelet de perles de corail au poignet gauche ! La gauche est le côté féminin du corps.

Après un accouchement difficile...

Ce sort peut être destiné à vous, à une amie ainsi qu'au bébé, à la suite d'un accouchement difficile. Allumez une bougie bleue (pour la guérison) devant la PHOTO de la maman et de l'enfant, tout en récitant neuf fois :

« Si rude fut ton arrivée
en ce monde,
Si éprouvants furent
tes premiers jours,
Mais maintenant le bonheur
et l'amour abondent,
Sourires et amour
t'accompagneront toujours. »

S.O.S. jeune maman stressée !

Vous ne savez plus où donner de la tête, c'est la panique… Voici un sort pour vous aider à vous DÉTENDRE (bien que rien ne soit plus efficace que de mettre les pieds sous la table et que le ménage soit fait !).

Écrivez votre nom et celui de votre enfant sur du papier blanc (pour la paix) avec un stylo bleu (pour le calme et la guérison). Décorez le papier de VIOLETTES. Dessinez-les simplement ou ajoutez des fleurs séchées ou en sucre. Les violettes représentent la TRANQUILLITÉ, les énergies aimantes et l'acceptation. Si le tableau a belle allure et que vous faites ce sort pour une amie, vous pouvez en faire cadeau à la nouvelle famille !

POUR PRENDRE SOIN DE VOUS

Un esprit sain dans un corps sain !

Envie de perdre quelques kilos superflus ?

Les petits kilos en trop sont toujours les plus difficiles à perdre… Aidez-vous ! Écrivez votre nom sur une fine bougie blanche (pour l'énergie pure et un NOUVEAU DÉPART) avec un crayon bleu (pour la santé). Allumez la bougie dès que vous vous levez et, surtout, avant de prendre votre petit déjeuner. Contemplez la flamme en prononçant ces paroles :

« Il me faut perdre du poids,
Pour ma santé, telle est la loi.
Seigneur et Dame, guidez-moi.
Mince et heureuse je veux être. »

Fini le grignotage, je mange équilibré !

Cela vous ferait du bien de ne plus grignoter n'importe

quoi à tout moment ? Ce sort vous y aidera ! Avant chaque repas, et dès que vous sentez monter en vous la TENTATION de petites gourmandises, allumez une fine bougie blanche et imaginez-vous saine et heureuse. En même temps, implorez SEKHMET, déesse de la guérison et de la beauté, de vous aider par une incantation simple :

« Ô Sekhmet, je t'en prie,
Aide-moi à guérir,
À me sentir bien dans mon corps ! »

Pas de coupe-faim, mais un coup de pouce

Ce sort vous aidera à venir à bout d'un trouble du comportement alimentaire, en association avec le traitement traditionnel prescrit par votre médecin. Préparez une infusion forte de VERVEINE et/ou de MÉLISSE. Versez-la dans une tasse et laissez tomber un cristal de quartz dedans. Remuez délicatement *widdershins* tout en disant :

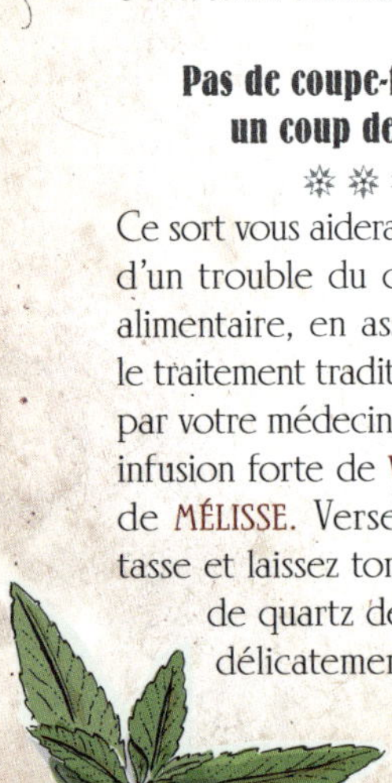

« Troubles alimentaires,
éloignez-vous de moi,
Laissez-moi guérir.
Troubles alimentaires,
éloignez-vous de moi,
Vous devez partir.
Laissez-moi vivre en
paix, oubliez-moi. »

Puis remuez *deosil* et dites :
« Que soient en mon
âme et mon corps,
Et la santé et la force,
Aussi sûrement que la
lumière du jour. »

Retirez le cristal de quartz et gardez-le dans votre poche comme *talisman* de santé.

Chocolat, cigarette et autres dépendances...

Vous en avez assez de vous sentir esclave de votre péché (mignon ou pas...) ? Ce sort est un soutien. Pratiquez-le tous les jours, à l'aube et au crépuscule, et à chaque fois que vous sentez venir une envie dévorante.

Touchez votre poitrine avec votre pouce, votre majeur et votre annulaire droits, les deux autres doigts tendus vers l'extérieur. Prenez trois INSPIRATIONS PROFONDES et imaginez que les signes physiques et mentaux de la dépendance quittent votre corps. Par exemple, si vous êtes accro à la nicotine, pensez au goudron tout noir qui sort de vos poumons et dites :

« Que cette dépendance,
ce poison et ce besoin,
Partent bien vite au loin !
Je le veux, je le dis
et je le proclame !
Que cette dépendance,
ce poison et ce besoin,
Partent pour toujours
au loin ! »

Ce sortilège ne fonctionnera pas immédiatement mais, quelle que soit la dépendance qui vous empoisonne la vie, elle diminuera PROGRESSIVEMENT.

Gommage magique pour le visage et le corps...

Voici un petit secret de beauté pour se sentir merveilleusement bien ! Mélangez du MIEL à de la farine d'AVOINE et remuez *deosil* en psalmodiant à neuf reprises :

« Belle je suis, divine je suis.
Santé et bonheur seront miens ! »

Dans le sens des aiguilles d'une montre, massez votre peau avec la préparation.

Révélez la beauté de la déesse qui est en vous !

Qui ne rêve pas d'avoir la divine allure de Vénus ?

1. Achetez de la POUDRE ARGENTÉE scintillante. À l'aube, observez l'ÉTOILE DU MATIN et pensez à tout ce qui est beau en vous, intérieurement et extérieurement.

2. Des deux mains, tendez la poudre vers l'étoile. Avec vos mots à vous, demandez à Vénus d'éliminer vos imperfections et de permettre à tous de vous voir sous votre jour le plus éblouissant – la déesse qui est en vous !

3. Appliquez la poudre sur votre poitrine en dessinant un cœur. Vous pouvez faire cela partout où vous souhaitez une optimisation de votre BEAUTÉ NATURELLE – par exemple sur vos jambes si vous souhaitez les galber, ou sur vos cheveux s'ils ne vous satisfont pas totalement…

4. Pour finir, éparpillez la poudre ou couvrez-la de vos vêtements.

Quoi de neuf, docteur ?

Votre médecin ou spécialiste fera-t-il le BON DIAGNOSTIC ? Êtes-vous sûre que sa prescription corresponde vraiment au traitement approprié ? Inspirez-le !

Sur un papier, écrivez son nom en vert (pour la prospérité et un futur radieux) et couvrez-le d'un TISSU VIOLET (pour la connaissance). Si vous avez la chance de trouver la photo du praticien, par exemple

L'avoine merveilleuse

Une poignée d'avoine dans votre bain adoucit la peau et vous rapproche de la déesse Lune pour qui l'avoine est sacrée. Commencez toujours un sort pour la beauté par une lune croissante : la réussite ira de pair avec l'accroissement en taille de la lune. Avec le même raisonnement, commencez un programme visant à diminuer des imperfections ou à perdre du poids par une lune décroissante : les problèmes décroîtront en même temps que la lune !

sur le site Internet de la clinique ou de l'hôpital, imprimez-la et placez-la également dans le tissu.

Posez le tout près d'une statue ou d'une image de CHOUETTE, pour orienter le médecin et le guider vers la sagesse.

Bye-bye vilaines verrues !

Les verrues et verrues plantaires sont déplaisantes et inesthétiques. Gentilles sorcières, débarrassez-vous-en enfin avec l'aide de ce sort !

Procurez-vous une POMME DE TERRE ayant des « yeux » ou laissez un tubercule à la lumière pendant une semaine environ afin qu'il commence sa germination. En début de lune croissante, coupez la pomme de terre en deux, puis frottez *widdershins* l'une des faces coupées sur la verrue. Replacez les deux moitiés l'une contre l'autre et enterrez-les à un endroit où vous marcherez quotidiennement.

Cette nuit, je dors !

Ne laissez plus les insomnies gâcher vos nuits (et, par conséquent, vos journées) ! Buvez VERVEINE ou CAMOMILLE en infusion tous les soirs, trente minutes environ avant de vous coucher.

Ajoutez une cuillerée à café de miel et commencez à remuer *widdershins* en imaginant que tous les soucis et le STRESS de la journée vous quittent. Puis remuez *deosil* en pensant à une bonne nuit de sommeil réparateur et à toutes les choses POSITIVES qui vont vous arriver le lendemain. Délicieux et efficace !

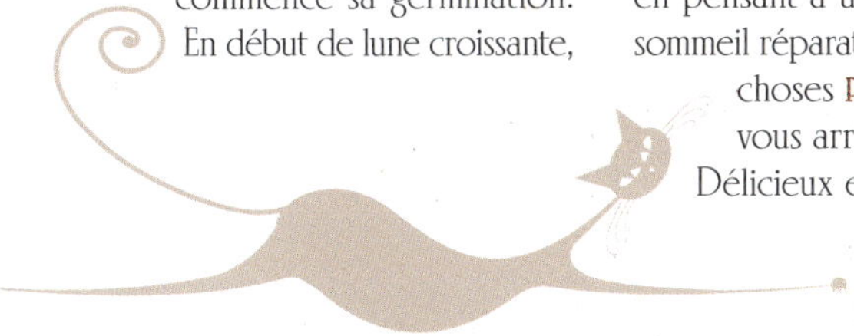

LES AUTRES SORTS

Quand y'en a plus, y'en a encore !

Dans ce chapitre sont rassemblés divers sortilèges qui ne correspondaient à aucun des autres chapitres. Très utiles, ils ont prouvé leur efficacité et concernent des domaines sur lesquels les gens s'interrogent régulièrement : le bonheur et l'épanouissement, mais aussi des sujets plus mineurs (jusqu'à trouver une place de parking !)… Ils démontrent que la magie s'applique à tout, ou presque, et que les sorts ne doivent pas toujours être trop sérieux – le rire et la légèreté peuvent amplifier l'énergie positive. Profitons-en !

LES INGRÉDIENTS DU PLACARD !

Comme vous pouvez le remarquer, la liste ci-dessous est moins longue que dans les autres chapitres... Mais les ingrédients n'en sont pas moins importants !

LE CRISTAL DE QUARTZ : c'est la « bougie blanche » de l'univers des pierres. Les cristaux de quartz procurent de l'énergie et attirent une attention positive sur le porteur ou l'objet avec lequel ils sont associés. Ils sont communément employés sous la forme de pointes de cristal brutes, mais les cristaux polis transparents sollicitent une énergie plus douce, plus harmonieuse.

LES BOUGIES BLANCHES : quand tout le reste échoue (cela peut arriver !), les bougies blanches représentent l'énergie pure et peuvent renforcer le pouvoir d'un sortilège ou représenter d'autres couleurs.

LA COULEUR VIOLETTE : elle représente la connaissance occulte. Faire brûler une bougie violette quand vous rédigez et/ou pratiquez un sortilège aiguisera votre intuition et vous assurera de réaliser correctement le sort.

Aimez-vous telle que vous êtes !

Il serait peut-être temps de vous RÉCONCILIER avec vous-même ou de vous aimez enfin ? Pour les femmes, ce sort est à pratiquer le lundi ; pour les hommes, le dimanche.

Sur un morceau de papier blanc, écrivez au stylo bleu ce que vous aimeriez changer en vous. Au stylo jaune, écrivez six choses que vous aimez en vous. Enfin, au stylo vert, écrivez NEUF QUALITÉS que les autres trouvent en vous (faites un petit effort, vous allez trouver !).

Repliez le papier trois fois : une fois pour éliminer la négativité, une autre pour vous rappeler vos DONS et une dernière pour inviter l'amour à entrer dans votre vie. Relisez le papier chaque fois que vous avez le moral dans les chaussettes.

Ma vie change, je dois l'accepter !

✵ ✵ ✵

Pratiquez ce sort simple en HIVER. Il vous aidera à accepter un changement dans votre vie, qu'il soit positif, par exemple l'emménagement avec votre partenaire ou une promotion, ou déplaisant, comme une rupture ou la perte de votre travail. Partez en quête d'un morceau de glace en forme de baguette – une petite stalactite provenant de votre jardin serait idéale.

Face au NORD, dessinez un *pentagramme* dans l'air avec votre baguette de glace et prononcez ces mots :

« De la glace à la terre,
Donne-moi la force ! »

Revitalisez votre énergie féminine !

Pour vous reconnecter à votre énergie féminine, en cas de règles irrégulières ou si vous travaillez dans un environnement masculin par exemple, réservez-vous un moment de tranquillité, idéalement le lundi, jour consacré à la déesse Lune. Cela vous aidera à vous sentir à nouveau féminine et forte. Profitez-en pour vous chouchouter : regardez un film « de filles » et buvez un lait chaud au miel !

Puis tournez-vous vers l'EST, dessinez à nouveau un pentagramme en disant :

« De la glace au feu,
Donne-moi
la passion ! »

Enfin tournez-vous vers l'OUEST, dessinez un dernier pentagramme et dites :

« De la glace à l'eau, aide-moi
à bien vivre ce changement ! »

Portez la baguette de glace à votre front, votre bouche et votre cœur puis mettez-la à l'extérieur pour qu'elle regèle ou fonde.

Pour prendre une décision (et la bonne !)

Choisir entre deux voies est délicat… Entre trois, cela peut friser l'enfer ! Si vous êtes dans ce cas, à la NOUVELLE LUNE, prenez trois morceaux de papier. Au stylo bleu, écrivez sur chacun cinq éléments positifs concernant une voie et, au verso, au stylo noir, cinq éléments négatifs. Repliez chaque papier trois fois, avec cette incantation :

« Dieu et Déesse, guidez-moi,
Montrez-moi ma vraie voie ! »

Laissez les papiers de côté jusqu'à la PLEINE LUNE, puis relisez-les et prenez votre décision, ferme et définitive !

Conseil de sorcière

Si vous manquez d'assurance pour mener un projet à bien, effleurez vos paupières fermées avec un œil-de-tigre avant de passer à l'acte.

Pour stimuler votre créativité

Pour débloquer votre inspiration, veillez à vous accorder du temps rien que pour vous, au moins deux fois par semaine, ne serait-ce que pour la détente d'un bain prolongé. Avant ce moment privilégié, portez un CRISTAL TRANSPARENT à votre front pour activer votre TROISIÈME ŒIL et vous procurer l'énergie créative nécessaire à la réflexion.

Attirez les bonnes faveurs de la vie !

La vie est pleine de bonnes choses… Ne l'oubliez pas ! À chaque jour de la semaine est lié un bonheur… Tous les matins, regardez quelque chose en rapport avec ce bonheur.

- Le LUNDI est voué à la maternité et à la famille : regardez une photo de vous en compagnie des vôtres.

- Le MARDI favorise les commencements et les changements : regardez un dessin qui symboliserait votre alliance ou la naissance de votre enfant.

- Le MERCREDI est bénéfique à la communication et à l'évacuation de la peur : regardez une photo de vous en train de rire avec un ami !

- Le JEUDI est bénéfique pour les problèmes d'argent et de dettes : regardez une image représentant des billets de banque et des pièces.

- Le VENDREDI est voué à l'amour : regardez une photo de vous et de votre partenaire.

- Le SAMEDI est favorable à la liberté et à l'évacuation des ondes négatives : regardez une photo de vous en vacances !

- Le DIMANCHE est le jour de la réussite et de la guérison : si, par exemple, vous vendez votre maison, regardez une photo de votre famille, épanouie, devant le panneau « À vendre ».

En voiture : trouvez facilement une place de parking !

Ne tournez pas en rond pendant des heures et évitez de vous énerver inutilement ! Ayez toujours des carrés de CHOCOLAT dans votre voiture. Quand vous cherchez une place, récitez cette invocation :

« Fée du parking,
Je suis dans le pétrin,
Mais une place où me garer,
Je vais trouver ! »

Une fois votre voiture garée, jetez le chocolat au bord du trottoir et remerciez la fée.

À vélo : évitez les vols et les accidents !

Faites d'une pierre deux coups : évitez que l'on vous vole votre vélo et préservez-vous des accidents. Frottez votre vélo avec un CLOU DE GIROFLE et prononcez cette incantation :

« Ô Hermès,
dieu des Voyageurs,
Ta protection j'implore,
Pour ma sécurité
et celle de mon vélo.
Pour le plaisir et le transport,
Sans risque de bobo,
Ô Hermès, dieu des Voyageurs,
Ta protection j'implore. »

Mauvais temps, mais voyage sans accident !

Si vous devez voyager par mauvais temps, protégez-vous ! Prenez un petit carré de TISSU BLEU et invoquez vos divinités ou vos anges favoris. Placez trois clous de girofle sur le tissu en prononçant ces mots :

« Je vous en implore, écartez
malchance et négativité ! »

Puis ajoutez cinq grains de POIVRE et dites :

« Je vous en implore, protégez-
moi/nous de l'adversité
dans ces intempéries ! »

Ajoutez du GINGEMBRE et dites :

« Je vous en implore, bénissez-moi et accordez-moi chaleur et santé ! »

Enfin, ajoutez du GROS SEL et déclarez :

« Je vous en implore, écartez tout mal issu de l'eau sous toutes ses formes et apportez-moi la bénédiction et la protection de mère Nature ! »

Pliez le tissu contenant tous les ingrédients et fermez-le avec un RUBAN BLANC (pour l'énergie et la paix). Ayez cette bourse sur vous au cours de vos voyages. Confectionnez-en une autre pour la voiture.

Si vous utilisez ce sort pour une personne qui voyage pour vous rendre visite, ajoutez une photo d'elle, ou son nom écrit au STYLO BLEU sur du papier blanc, et gardez le tout dans un endroit sûr et chaud jusqu'à son arrivée.

Confectionnez un sac à charmes pour la protection

Pour ce faire, vous n'avez pas besoin d'être un as du bricolage ! Placez une TURQUOISE et une noix de muscade entière dans un tissu jaune. Le jaune représente la mémoire et la vivacité intellectuelle, la turquoise prévient les blessures et la NOIX DE MUSCADE élimine l'énergie négative et attire la chance.

Saupoudrez d'une pincée de cumin, pour la protection et contre la malchance, et de POIVRE noir, pour écarter les situations et les individus négatifs.

Liez le tout avec une ficelle ou un RUBAN violet. En effet, le violet incarne essentiellement la connaissance occulte, mais aussi la prémonition : une personne avertie en vaut deux !

Poussière de fées, protège mes objets précieux !

Protégez les affaires auxquelles vous tenez comme à la prunelle de vos yeux ! Saupoudrez de la poussière de fées autour d'eux. La poussière de fées est un mélange de tout ce qui est petit et scintillant, des PAILLETTES et des petites étoiles dorées par exemple. Les fées seront ainsi attirées par ce qui brille, non par vos objets eux-mêmes. Sur ma table de nuit, j'ai une petite boîte en velours bleu pleine de poussière de fées, toujours ouverte. Dans le tiroir, j'y range mes bijoux, ma carte de crédit et d'autres objets précieux, et je ne les ai jamais perdus !

Gardez vos secrets bien cachés en misant sur le crabe !

Gardez jalousement vos secrets ! Trouvez un SYMBOLE correspondant à ce que vous voulez tenir caché par-dessus tout, par exemple une photo de vous et de votre chéri(e), si vous êtes adepte du « pour vivre heureux, vivons cachés ». Placez-la entre la partie supérieure et la partie inférieure d'une CARAPACE de crabe et gardez celle-ci en lieu sûr.

Pour retrouver un objet à forte valeur sentimentale…

Si vous avez égaré un bijou ou un souvenir de famille qui vous est cher, placez une photo ou un DESSIN de l'objet perdu sur un joli plat et saupoudrez-en le bord de sucre *deosil.* Expliquez aux fées l'importance que l'objet a pour vous et pourquoi vous avez tant besoin de le retrouver. Fermez les yeux et ralentissez votre RESPIRATION ; vous vous sentirez attirée vers l'endroit où se trouve l'objet. Si vous le retrouvez, remerciez les fées en saupoudrant de sucre le plat tous les jours pendant une semaine.

La méditation est l'un des piliers de la sorcellerie. Elle permet de démarrer en douceur la pratique occulte et renforce la confiance en soi. De même que les rituels, il existe autant de types de méditation que de sorciers dans le monde. Cependant, la majorité des Wiccans respectent un cadre standard de rituel, même s'ils ajoutent à leur gré des éléments saisonniers, des méditations et des sorts...

Les Wiccans font appel à la méditation dans de nombreux contextes (appeler l'énergie pour un rituel ou un sort, apaiser l'esprit avant une divination...) pour l'exercice spirituel et la concentration sur des tâches bien spécifiques.

Les Wiccans célèbrent les principales étapes de la vie, mais ont toute latitude de choisir les occasions et la façon de les célébrer ! Il n'y a pas de règles. Au-delà des trois événements principaux de la vie que sont la naissance, le mariage et la mort, les Wiccans conçoivent leurs propres rituels pour célébrer ou marquer officiellement des événements tels que la grossesse, la puberté, la ménopause et même le divorce.

les Méditations et les rituels

SANS LOTUS NI PATTES DE POULET !

LES MÉDITATIONS

Je médite, tu médites, il médite. . .

Les méditations ont ceci de merveilleux qu'elles fonctionnent aussi bien pour les sorciers débutants que ceux expérimentés. Un groupe informel ou un *coven* peut donc s'y adonner collectivement même si les niveaux d'expérience sont tous différents. Il est également facile et efficace de pratiquer la méditation en solo…

DANS CE CHAPITRE, VOUS TROUVEREZ :

- les différents types de méditation (concentration, visualisation, méditation guidée, quête de vision...)
- les conseils pour une mise en conditions idéale : préparer votre environnement, votre esprit, votre corps...
- des méditations à tester pour appeler l'énergie!

COMMENT DÉBUTER UNE MÉDITATION ?

La règle d'or est de lâcher prise !

On ne médite pas en claquant des doigts ou par un simple coup de baguette magique ! Plusieurs étapes sont nécessaires pour entrer en méditation. Sachez vous mettre en condition et faites preuve d'imagination…

La mise en condition…

Tout d'abord, réservez-vous un moment de calme, rien que pour vous, afin de vous détendre.

Prenez un BON BAIN et restez-y longuement, car cela participe à la relaxation et aide à entrer dans un état méditatif. Parfumez l'eau avec de l'huile essentielle de santal pour éclaircir l'esprit, du lait de chèvre pour détendre les muscles et de la bergamote pour intensifier l'état méditatif.

Choisissez un endroit où vous ne vous inquiéterez pas d'être interrompue et où vous pourrez vous concentrer sur la relaxation. Optez pour des VÊTEMENTS CONFORTABLES : une tenue de sport ou une jupe longue et ample, en tissu naturel tel que

Conseil de sorcière

Concentrez-vous sur la relaxation et le ralentissement de la respiration, tout en tenant une améthyste polie contre votre front, entre vos yeux et légèrement au-dessus, pendant quelques minutes. C'est l'emplacement de votre troisième œil. Cela vous aidera à entrer en méditation !

le coton. Les tissus synthétiques ne permettent pas à la peau de respirer correctement ! Une pièce isolée et des vêtements spéciaux ne sont pas indispensables pour autant. Si vous voyagez en bus ou en train, regarder le PAYSAGE défiler est une excellente occasion de méditer sereinement sur mère Nature ! Avis aux contemplatives !

Grâce à la pratique…

Une fois que vous aurez trouvé l'approche qui vous convient et l'aurez appliquée plusieurs fois, vous atteindrez plus facilement l'état méditatif. Vous pourrez alors utiliser la méditation pour vous détendre au lieu de devoir vous détendre consciemment pour méditer.

Pour vous aider à rentrer en vous-même

La MYTHOLOGIE est un merveilleux tremplin pour atteindre la méditation. Contemplez tranquillement une illustration de récit mythologique et demandez l'INSPIRATION aux divinités représentées pour une quête de vision (voir page 163) ou la réponse à une question. Vous pouvez également fermer les yeux et vous raconter une histoire tirée de la mythologie. Mettez-vous dans la peau d'un personnage ! Auriez-vous agi différemment et pourquoi ? Cette méthode vous fournira des indices pour résoudre des problèmes et atteindre vos objectifs.

Je trouve aussi que les MANDALAS de type bouddhique favorisent la concentration et aident à rentrer en soi avant un travail magique. Je découpe souvent des dessins ou des photos dans les magazines puis je les encadre, ou j'achète des livres d'art qui m'inspirent. Je médite sur une page par jour.

LES TYPES DE MÉDITATION

Quelles méthodes pour atteindre la zen attitude ?

Il existe plusieurs formes de méditation et chacune a son utilité propre. Selon le contexte qui vous entoure, le mode de magie choisi (sort, rituel…), l'effet voulu et votre sensibilité, vous choisirez celle qui vous convient. Mais certaines, comme la concentration, sont indispensables dans tous les cas !

Méditation simple comme « bonjour » !

Asseyez-vous confortablement et inspirez par le nez en imaginant que la bonne énergie pénètre dans votre corps. Expirez par la bouche en imaginant que l'énergie négative le quitte.

La prochaine fois que vous attendrez, impatiente, un ami, un bus ou un train, imaginez que vous êtes dans une grosse boule, entourée de calme et de vibrations bénéfiques.

La concentration

Le type de méditation le plus facile consiste à s'installer tranquillement et confortablement et laisser le STRESS s'évacuer en se concentrant sur la détente physique, rentrer en soi par opposition à une négativité extérieure. C'est le point de départ de la plupart des types de méditation…

La visualisation

Des *visualisations* simples sont souvent employées dans les sorts. Fermez les yeux, ou regardez dans le vague en laissant vos yeux se DÉCONTRACTER. Imaginez ce que

vous SOUHAITEZ qu'il arrive. Par exemple, vous pouvez visualiser la réconciliation avec votre partenaire après une dispute, ou un ami absent prenant son téléphone pour vous appeler.

Le havre de paix

Cette technique se base sur la *visualisation*. Elle peut vraiment vous aider à garder votre calme dans une situation de stress et votre équilibre lorsque les événements provoquent chez vous une réaction émotionnelle, de colère ou de tristesse.

1. Asseyez-vous confortablement ou allongez-vous et fermez les yeux. Imaginez un ENDROIT IDÉAL, en pleine nature : sous un gros arbre au sommet d'une colline, au milieu d'un champ de blé ou sur une plage de sable blanc… Pour moi, il s'agit d'une clairière dans une forêt, traversée par un ruisseau chantant.

2. Imprégnez-vous mentalement de tous les DÉTAILS : entendez les oiseaux chanter, sentez la mousse sous vos pieds, humez l'air marin.

3. Consacrez plusieurs séances de méditation à la mise en place de votre havre de paix. Quand il est totalement à votre goût, entraînez-vous à vous y rendre mentalement à chaque moment de LIBERTÉ dont vous disposez – en vous préparant une infusion ou quand vous faites la queue quelque part.

Vous serez bientôt capable de VOUS ÉVADER vers ce lieu merveilleux à volonté et vous y passerez un moment de relaxation dès que le stress pointera le bout du nez, par exemple avant une réunion de travail ou quand le petit dernier fera un gros caprice.

La méditation guidée

Dans ce type de méditation, une personne extérieure donne des indications. SUIVRE LES MOTS permet d'atteindre plus facilement un ÉTAT MÉDITATIF profond. Il existe des kyrielles de CD de méditation guidée, mais beaucoup ne fournissent pas les bases de la relaxation ou ils entrent trop rapidement dans la méditation proprement dite. Avant de les écouter, veillez donc à être installée confortablement, complètement détendue, avec une respiration lente et profonde. Vous pouvez également pratiquer avec des amis ; l'un joue le rôle du GUIDE pendant que les autres méditent, et le guide change à chaque séance. Si vous méditez en solitaire, enregistrez la méditation sur votre ordinateur et passez-la à volonté !

La quête de vision

Pour cette quête, vous devez plonger profondément dans votre SUBCONSCIENT pour savoir comment régler un problème ou pour rencontrer une divinité ou un esprit qui vous aidera à atteindre un but de votre vie. La quête de vision est une FORME AVANCÉE de la méditation. Avant de vous lancer, je vous recommande de pratiquer les formes plus BASIQUES de la méditation, jusqu'à les maîtriser parfaitement, et d'affûter votre intuition et votre connaissance de la spiritualité wiccane. Dans les *covens,* les quêtes de vision sont souvent menées comme des méditations guidées, mais cela ne signifie pas qu'elles soient faciles. Vous trouverez des exemples de quête de vision pages 164 à 173.

LES MÉDITATIONS POUR APPELER L'ÉNERGIE

(Re)chargez vos batteries !

Pour vous imprégner d'énergie ou charger un outil magique, il n'est pas nécessaire de vous asseoir confortablement et de vous détendre. Après tout, quand on est empli d'énergie positive, a-t-on vraiment envie de rester assis comme un maître Zen ?

Ces méditations peuvent être pratiquées quand vous vous sentez épuisée, par exemple, au cours des longs mois d'hiver déprimants ou au début d'un rituel. Dans ce dernier cas, il est important d'user toute l'énergie restante quand le sort est achevé, faute de quoi vous risquez de ressentir un effet équivalent à dix expressos dans un estomac vide… Explosif !

Des méthodes simples

- Pour dissiper L'ÉNERGIE AMBIANTE, laissez-la mentalement s'écouler dans le sol ou chargez-la dans des cristaux ou des outils magiques.

- Pour dissiper votre ÉNERGIE INTÉRIEURE, mangez et buvez. Posez vos paumes sur le sol ou sur votre autel de sorcière en imaginant l'excès d'énergie quitter votre corps.

- L'appel d'énergie est habituellement une association d'exercices mentaux et physiques. Le TAMBOURINEMENT, lent d'abord, puis de plus en plus rapide est une méthode simple. Des marmites ou des casseroles font parfaitement l'affaire, ou votre bureau ou votre autel. Vous pouvez aussi attirer l'énergie par une DANSE exécutée autour de votre cercle magique, sur un CD de sorcellerie, ou une danse de votre création inspirée d'un récit mythologique. Psalmodier une phrase ou des sons, encore et encore, fonctionne également bien (voir encadré ci-dessous).

Pour faire le plein d'énergie le MATIN, avant d'ouvrir les yeux, prenez quelques respirations et sentez le sommeil quitter votre corps. Imaginez la léthargie s'écouler dans le lit. Sentez les RAYONS DU SOLEIL chauffer votre corps et vous emplir d'énergie pour la journée à venir, même si les rideaux sont fermés et que le temps est couvert. Quand vous ouvrirez les yeux, vous serez en pleine forme !

Des chants faciles à reproduire !

Ceux-ci sont efficaces pour appeler l'énergie : « Ommmmmm », « Énergie, viens à moi ! Réchauffée et active, je serai », « Éééé-ner-giiiie ». Lâchez-vous !

Prononcez une prière ou une simple *visualisation* à voix haute. ENTENDRE LES MOTS les rend plus « réels » (surtout si vous êtes néophyte en matière de méditation énergétique) et vous permet d'affirmer symboliquement votre requête. Ensuite, restez tranquille une ou deux minutes pour laisser l'énergie s'accumuler.

Voici une méthode purement méditative. Tenez-vous debout, les pieds écartés de la largeur des hanches, les bras relâchés le long du corps. Fermez les yeux et imaginez un flot de LUMIÈRE DORÉE perçant le sommet de votre tête et s'écoulant dans tout votre corps. Sentez-la vous réchauffer. À ce stade, vous pouvez demander à une divinité spécifique de vous apporter de l'énergie. Puis imaginez un flot de lumière identique pénétrant dans votre corps par la plante des pieds, remontant le long des jambes, jusqu'à la tête. Imaginez les deux flots se mélanger et vous rendre étincelante, IRRADIANT L'ÉNERGIE et la lumière tel un phare.

Pour charger un cristal d'énergie dans un but précis, guérison ou sortilège pour l'amour par exemple, placez-le sur votre autel et asseyez-vous confortablement en face de lui. Visualisez une lumière rose pâle ou vert pâle entourant votre MAIN RÉCEPTRICE (la gauche si vous êtes droitière et inversement). Sentez la chaleur de l'énergie remonter le long de votre bras et à travers votre corps jusqu'à votre MAIN ÉMETTRICE (la main droite si vous êtes droitière). Laissez l'énergie circuler. Quand vous sentez le moment venu, dirigez l'énergie vers le cristal de votre main émettrice en disant :

« Avec la bénédiction
de la grande déesse,
Qui nous insuffle
la vie à tous,
Nous consacrons
et chargeons ce cristal
Comme outil magique
pour [citez l'objectif]. »

Une prière à la pleine lune

« Voici venu le temps
de la pleine lune,
Et forte et puissante
est la lune.
Voici venu le temps
des œuvres positives,
De mes divinités
et esprits patrons
accompagnée,
Permets-moi
d'assembler mes pensées
Et mon pouvoir, mes vœux
et mes désirs,
Pour les mois à venir.
Donne-moi l'énergie
de les accomplir. »

Vous pouvez charger de la sorte n'importe quel outil ou bijou magique.

Imaginez que vous êtes sur le sol dans un CERCLE qui irradie l'énergie. Visualisez-le commençant à tourner et s'élever lentement autour de vous. Tournez autour *deosil.* Voyez le CÔNE D'ÉNERGIE vous entourer puis fermez les yeux et cessez de tournoyer. Il est bon que la tête vous tourne légèrement, mais sans être étourdie ou titubante. Sentez la chaleur du cône autour de vous, sa lumière et son énergie en vous. Puis sentez le cône lentement s'enfoncer dans la terre, emportant avec lui l'excédent d'énergie. Ouvrez les yeux, emplie d'énergie pour accomplir votre sort ou vaquer à vos occupations quotidiennes.

Placez-vous devant un point de focalisation, comme votre autel ou une simple bougie blanche. Fermez les yeux et demandez à vos *divinités patronnes,* ancêtres ou esprits guides de vous aider.

Prenez neuf inspirations profondes et emplissez complètement vos poumons. À chaque inspiration, imaginez la LUMIÈRE BLANCHE de l'énergie positive pure entrant dans votre corps par le nez, emplissant vos poumons et se répandant dans votre corps.

Expirez par la bouche. Imaginez vos problèmes et toute l'énergie, les pensées et les émotions négatives quitter votre corps sous la forme d'une FUMÉE NOIRE, dispersée dans l'univers où les esprits la recycleront en énergie positive.

Prenez à nouveau neuf inspirations profondes, mais imaginez cette fois que toute l'énergie pure reste en vous et vous EMPLIT à partir du centre de votre abdomen.

Conseil de sorcière

Si vous pratiquez une méditation pour appeler l'énergie en plein air, visualisez l'énergie mâle du père Ciel pénétrant dans votre tête, et l'énergie féminine de la mère Terre entrant par vos pieds, pour créer un équilibre parfait.

LES QUÊTES DE VISION ET LES VISUALISATIONS

Une visionnaire qui s'assume !

La visualisation est une technique de méditation souvent utilisée dans les sorts. La quête de vision, plus difficile et nécessitant déjà une bonne maîtrise de la méditation, requiert de se plonger dans son subconscient. Ce chapitre rassemble un large éventail de visualisations et de quêtes de vision. Vous pouvez les utiliser telles quelles ou ajouter des éléments personnels, comme chercher à parler à votre *divinité patronne*, par exemple. Répétez-les encore et encore, cela vous aidera à vous plonger plus profondément dans l'état méditatif.

DANS CE CHAPITRE, VOUS TROUVEREZ DES QUÊTES DE VISION ET DES VISUALISATIONS POUR :

- demander l'aide des divinités comme Diane, la déesse Mère...
- trouver votre nom de sorcière et la maison de vos rêves...
- travailler votre intuition, communiquer avec des personnes chères...

Quête de vision pour l'aide de Diane

1. Demandez à Diane, DÉESSE LUNAIRE et protectrice des animaux, de vous guider et de vous prêter sa force dans des périodes difficiles !

2. Trouvez un CHÊNE assez grand pour vous tenir debout sous sa ramure. Collez votre dos contre le tronc robuste. Fermez les yeux et ralentissez votre respiration.

3. Demandez à la déesse de vous prêter sa résolution et sa FORCE. Sentez l'énergie de Diane monter le long des racines du chêne, dans le tronc, et s'écouler dans votre corps. Quand vous êtes emplie de son énergie, remerciez-la chaleureusement et demandez-lui de vous donner un signe qui vous indique la voie à suivre.

4. Ouvrez les yeux et regardez autour de vous. Si vous voyez une FLEUR, notez sa couleur, car elle a une signification. Par exemple, le jaune signifie que vous devriez vous concentrer sur l'amitié ; le rouge vous invite à poursuivre vos objectifs avec plus de passion. Les OISEAUX représentent l'inspiration artistique. Si vous voyez passer une femme de votre âge, portez plus d'attention à vos amies qu'à vos amis.

Quête de vision pour trouver votre nom de sorcière !

1. Respirez profondément et détendez tout votre corps. Demandez à vos *divinités patronnes* de vous INSPIRER : vous pouvez les entrevoir du coin de l'œil, sentir une main sur votre épaule ou la pièce se réchauffer. Expliquez aux divinités que vous vous sentez prête à porter votre nom de sorcière, pourquoi le moment est arrivé et les raisons pour lesquelles vous voulez un nom.

2. Tendez vos mains et demandez aux divinités de vous conduire à l'endroit où vous

trouverez votre nom ; peut-être ne verrez-vous que l'OBSCURITÉ pendant un moment, votre esprit errera à travers des événements passés ou vous aurez la sensation de voler très haut au-dessus de la ville où vous habitez... Votre voyage peut prendre un certain temps ; soyez patiente !

3. Enfin, vous verrez une boule de lumière tournoyer au loin. Dirigez-vous vers elle. Vous ne pourrez en détacher votre regard, car elle est trop belle et emplie d'ÉNERGIE MAGIQUE positive. Elle deviendra de plus en plus grosse, jusqu'à vous envelopper de sa brillance et vous aveugler de sa lumière. La boule s'affaissera et vous vous retrouverez dans l'obscurité complète.

4. À ce moment précis, un MOT ou un SYMBOLE apparaîtra, composé de la lumière brillante que vous avez vue auparavant, et vous illuminera. Vous saurez alors que vous n'êtes plus aveugle. Ce mot/symbole est une indication ou peut-être le nom lui-même. Évaluez-le soigneusement et prenez votre temps ; il deviendra aussi évident que deux et deux font quatre !

5. Remerciez les DIVINITÉS de vous avoir guidée et faites-leur vos adieux. Quand vous sentez qu'elles partent, reprenez conscience de votre environnement physique et ouvrez les yeux.

Pour trouver un nom spécifique

Cette quête de vision peut être pratiquée sans aucune préparation, pour garder l'esprit complètement ouvert. Mais si vous voulez trouver un nom spécifique, par exemple celui d'un ancêtre, d'une couleur ou d'un animal, écrivez préalablement ce que vous souhaitez que le nom symbolise, comme la force intérieure, la compassion ou la sagesse...

Appelez votre nouveau nom magique à voix haute à cinq reprises ; si votre voix tremble ou si vous avez une impression étrange, reconsidérez-le et voyez s'il vous correspond vraiment.

Entrez en contact avec votre animal totémique ou votre ange gardien

Asseyez-vous ou allongez-vous confortablement. Fermez les yeux, respirez profondément et détendez lentement tout votre corps en commençant par les orteils, puis les pieds, les jambes et ainsi de suite jusqu'à ce que vous soyez complètement détendue.

> **Conseil de sorcière**
>
> *Un peu d'entraînement est excellent pour vos pouvoirs de visualisation ; consacrez-lui quelques minutes tous les jours. Fermez les yeux et visualisez ce que vous avez vu juste avant de les fermer (par exemple votre écran d'ordinateur, un livre ou ce que vous avez mangé).*

Imaginez-vous à l'entrée d'une CAVERNE. Entrez-y et suivez un sentier en spirale qui s'enfonce dans la terre. Au fond, vous trouverez une petite pièce d'EAU SOMBRE. Contemplez l'eau et vous y verrez votre gardien – sous la forme d'un nom, d'un visage ou d'un animal.

Gérez vos émotions

Habillez-vous en bleu ou en gris ; mangez du riz, du thon ou des algues : des couleurs et des aliments qui symbolisent l'EAU. Fermez les yeux et visualisez un serpent ou un poisson ou, si vous préférez, tenez un saphir : ces animaux et cette pierre symbolisent l'eau.

Priez l'une des divinités de l'eau comme Lir, Neptune, Poséidon,

Boann, Vénilia ou Latis. Attendez de voir la divinité face à vous et d'avoir une vraie conversation avec elle. Laissez-la vous guider dans le DOMAINE ÉMOTIONNEL, notamment si vous êtes triste ces derniers temps ou incapable de vous défaire de certains liens affectifs.

4. Puis voyez-la remonter sur son cheval et s'éloigner en emportant vos ÉMOTIONS NÉGATIVES. Ouvrez les yeux et reprenez vos activités normales, avec beaucoup plus de légèreté ! Vous pouvez renouveler cette méditation à chaque fois que vous en ressentez le besoin.

Pour apaiser la déception ou la perte

1. Serrez votre main gauche en poing, fermez les yeux, calmez votre respiration et visualisez la DÉESSE RHIANNON venant vers vous sur un beau cheval blanc.

2. Racontez-lui votre perte ou votre déception. Restez immobile ; elle va descendre de cheval et vous parler ou vous faire un signe qui vous aidera ; elle vous donnera peut-être quelque chose.

3. Ouvrez votre POING GAUCHE et serrez la main de Rhiannon ; elle vous débarrassera ainsi de la perte et la déception.

Quête de vision, quête de réponses

1. Asseyez-vous confortablement, idéalement les jambes croisées, sur le sol. Fermez les yeux et imaginez-vous dans une CLAIRIÈRE. Sentez l'herbe légèrement humide, l'odeur des champignons, des aiguilles de pin et une brise douce. Il fait plus chaud qu'il ne serait normal dans une forêt… En regardant autour de vous, vous voyez un petit feu et un CHAUDRON bouillonnant suspendu au-dessus.

2. Vous vous levez, vous dirigez vers le feu et voyez alors un cerf

magnifique. Votre mouvement a éveillé son attention ; il tourne la tête vers vous et vous regarde. Voici le dieu de la Forêt. Fort et sage, il est le GARDIEN de tous les habitants des bois. Vous vous regardez longuement, les yeux dans les yeux. Écoutez votre esprit et votre corps ; vous avez peut-être reçu un message.

3. Puis le cerf baisse légèrement la tête, comme s'il vous saluait, et part. Vous marchez vers le chaudron et, en vous approchant, vous remarquez de nombreuses personnes assises autour. Quand vous êtes assez près pour distinguer leurs VISAGES éclairés par les flammes, vous constatez que ce sont tous les gens qui, dans votre vie passée et présente, vous ont prodigué de sages conseils.

4. Il y a peut-être également des ANIMAUX DE COMPAGNIE qui sont morts. Asseyez-vous avec eux et reposez-vous. Il se peut que l'un d'entre eux s'approche et vous donne quelque chose ou vous parle brièvement. Enregistrez ce qu'on vous dit, mais ne répondez pas. Ils sont ici pour vous parler et vous, pour écouter, pas pour bavarder !

5. Une VIEILLE FEMME, que vous reconnaissez pour être la vieille dame sage, sort de l'obscurité. Elle porte une triple couronne de lune et une chouette est perchée sur son épaule. La déesse se dirige vers le chaudron et plonge un CALICE dans le liquide bouillant, mais cela ne la brûle pas. Elle souffle sur le calice pour le refroidir ; à ce moment, la CHOUETTE prend son envol et une plume tombe de son aile dans le calice. La déesse sourit et approuve ce présage d'un signe de tête. Puis elle vous tend le calice et vous invite à boire.

6. Pendant que vous buvez, le BROUILLARD d'incertitude se dissipe autour de vos problèmes et les réponses viennent à vous comme sur les ailes

d'une chouette. Vous fermez les yeux et réfléchissez aux réponses. Quand vous ouvrez les yeux, la déesse et vos compagnons sont partis et vous êtes de retour dans la pièce où tout a commencé.

Conseil de sorcière

Si, dans la journée ou les deux jours suivant cette méditation, vous trouvez une plume, surtout si elle flotte dans le vent, conservez-la précieusement et posez-la sur votre autel ou votre table de nuit. Elle vous inspirera et apportera des réponses à votre problème.

Quête de vision de la déesse Mère nourricière

1. Asseyez-vous ou allongez-vous confortablement. Placez vos paumes sur le bas de votre ABDOMEN (les femmes enceintes les poseront sur le bébé). Inspirez profondément à neuf reprises. À chaque inspiration, visualisez l'ÉNERGIE JAUNE et le pouvoir du dieu Soleil tournoyer autour de vous. Visualisez aussi l'énergie BRUNE nourrissante de la déesse Mère monter de la terre.

2. Prononcez cette invocation :

« Je reçois maintenant
la bénédiction et la protection
de toutes les déesses Mères
et de toutes les mères de ma lignée.
Puissent-elles me guider ! »

Les unes après les autres, visualisez votre mère et toutes les autres mères sages et nourricières de votre vie passée et présente (j'espère que vous avez une bonne mémoire !). Saluez-les et demandez-leur si elles ont un CONSEIL à vous donner. Si oui, écoutez attentivement.

3. Une fois terminé, expirez profondément à neuf reprises et visualisez les énergies protectrices et la LUMIÈRE BLEUE (pour la santé et la sagesse) sortant de vous à chaque expiration ; visualisez

cette lumière qui voyage vers vos enfants, si vous en avez, ainsi que les autres personnes et les animaux dont vous prenez soin.

Quête de vision : vous volez !

1. Asseyez-vous ou allongez-vous confortablement. Inspirez profondément et détendez tout votre corps. Sentez-vous vous ÉLEVER légèrement dans les airs, puis de plus en plus ; chaque inspiration profonde vous soulevant davantage.

2. Pliez vos doigts et vos orteils et voyez-les se couvrir de plumes. Imaginez que vous les déployez comme des ailes robustes et que vous vous envolez hors de la pièce. Vous volez maintenant dans le ciel, au-dessus de votre maison, puis plus haut encore, dans les NUAGES et le ciel nocturne. Vous souriez en savourant la LIBERTÉ et le plaisir de voler. Vous remarquez des oiseaux volant autour de vous, mais aussi des esprits, tels que des FÉES ou peut-être même des anges.

3. Vous volez de plus en plus haut et êtes réchauffée par le soleil. Vous sentez la bénédiction du DIEU SOLEIL ou, de nuit, celle de la DÉESSE LUNE. Vous voyez les gens sur le sol, courant dans tous les sens, et réalisez à quel point leurs problèmes sont en réalité minuscules, comme les vôtres. Tout peut se résoudre avec de la patience, de l'amour et de la compréhension... peut-être un peu de magie et beaucoup de travail !

4. Asseyez-vous sur un nuage et observez sa forme. Il peut vous inspirer sur l'orientation de votre apprentissage SPIRITUEL, l'approche d'une situation négative ou tout autre sujet qui vous préoccupe. Quand vous vous sentez

heureuse et satisfaite, sautez du nuage et redescendez lentement vers la Terre, vers la pièce de départ et vers votre corps. Souriez en ouvrant les yeux, car vous savez que vous pourrez toujours tirer inspiration des pouvoirs spirituels qui vous entourent et de votre MOI INTÉRIEUR.

Travaillez votre intuition !

Cette méditation de type métamorphose permet d'exercer vos pouvoirs d'intuition, de vous connecter à un esprit animal et de voir les choses de points de vue différents.

1. Asseyez-vous ou allongez-vous et ralentissez votre respiration. Fermez les yeux et imaginez que vous êtes un ANIMAL. Sentez vos membres changer, votre fourrure ou vos poils ébouriffés par le vent. Voyez votre chambre de la perspective d'un animal : du dessus si vous êtes un corbeau, du dessous si vous êtes une souris, en contre-plongée si vous êtes un poisson rouge.

2. Puis imaginez la « LIBÉRATION » : flânez dans la rue comme un chat, nagez dans le courant comme un poisson, etc.

3. Visualisez votre moi animal dans son habitat NATUREL, avant de réintégrer votre esprit dans votre corps et d'ouvrir les yeux.

En quête de la maison de vos rêves ?

Tous les DIMANCHES (jour dédié à la réussite des objectifs) avant de vous coucher, relaxez-vous dans votre lit et pensez à ce que vous souhaitez dans votre future maison – par exemple le lieu, le nombre de chambres, le loyer ou l'emprunt dont vous avez les moyens. Puis visualisez une maison répondant à tous ces critères. Soyez attentif aux rêves que vous aurez cette nuit-là, car ils pourraient contenir un INDICE sur la façon d'acquérir la maison idéale.

Communiquez avec des personnes chères

Si vous souhaitez communiquer avec votre grand-mère défunte ou un autre être aimé qui est parti, rendez-vous sur sa tombe ou dans un endroit qu'elle affectionnait et allumez une BOUGIE JAUNE, de préférence face à l'est. Pensez à elle pendant un moment, puis prononcez un message à haute voix. Soufflez délicatement sur la bougie et regardez la fumée s'évanouir dans les airs, emportant le message avec elle.

Mettez fin au blocage psychologique

1. Commencez par vous asseoir confortablement, fermer les yeux, vous relaxer et ralentir votre respiration. Puis visualisez-vous en train de descendre un très long ESCALIER en colimaçon dans une obscurité quasi-complète. Au bas de l'escalier, vous devez suivre un SENTIER ROCAILLEUX. Vous voyez mal, mais demandez à la somptueuse pleine lune, la déesse Mère, de vous guider.

2. Prêtez attention à tout ce qui se trouve de part et d'autre du sentier ; vous pouvez distinguer des animaux, qui seront vos GUIDES SPIRITUELS dans vos méditations futures, ou des visages ressemblant à des ancêtres ou des amis perdus.

Si vous cherchez l'amour...

La visualisation peut vous aider à trouver l'amour, mais ne pensez jamais à une personne précise, car cela risquerait d'avoir un impact sur sa libre volonté. Imaginez simplement quelqu'un qui vous tient amoureusement par derrière, et dont vous ne voyez pas le visage. Si vous recherchez le mariage, voyez-vous avec un partenaire devant l'autel ou imaginez vos mains enlacées avec les alliances.

3. Continuez à MARCHER jusqu'à ce que vous ayez trouvé un indice sur les raisons de votre blocage psychologique et la prochaine méditation adaptée. Puis imaginez-vous de retour à l'escalier en colimaçon. Montez-le et, quand vous êtes en haut, ouvrez lentement les yeux.

4. Prenez quelques minutes pour penser à ce que vous avez vu au cours de la méditation avant de bouger.

Démêlez vos problèmes

1. Installez-vous confortablement, relaxez-vous et fermez les yeux. Imaginez-vous sur un fort de fées (une petite colline où l'on dit que vivent les elfes et les fées) couvert de neige. Montez lentement vers le sommet, en cercles successifs, et réfléchissez à une ÉNIGME ou un problème avec lequel vous vous débattez. Quand vous atteignez le sommet, observez la spirale dessinée par l'empreinte de vos pieds.

2. C'est un jour de vent et vous avez emporté la flasque d'une boisson chaude – THÉ OU VIN CHAUD. Dégustez-la et visualisez vos soucis emportés par le vent tandis que l'inspiration nécessaire à résoudre votre problème arrive à vous. Puis repartez en suivant vos EMPREINTES. Vous allez ainsi dérouler la spirale et démêler les problèmes qui ont freiné votre réussite jusqu'alors.

3. Ouvrez doucement les yeux et réadaptez-vous à votre environnement.

Conseil de sorcière

Cette visualisation peut être transposée sur une colline boueuse, où vous verrez vos empreintes dans le sol, ou sur une colline couverte d'herbes hautes, où vos pas seront visibles dans la végétation piétinée.

LES RITUELS

Petit à petit, la sorcière fait son nid !

Les rituels wiccans sont nombreux et variés. Ils peuvent être adaptés aux saisons, aux intentions individuelles et magiques, mais ils respectent tous un cadre de base. Votre touche personnelle, oui, mais pas n'importe comment !
Puisqu'ils peuvent être pratiqués aussi bien avec des amis que seuls, les rituels ont l'avantage d'être une parfaite introduction au travail magique de groupe.
De plus, la reconstitution d'histoires mythologiques peut aussi être introduite dans la pratique du rituel, comme tout ce qui convient au sorcier ou au *coven*.

DANS CE CHAPITRE, VOUS TROUVEREZ :

- la description du cadre initial et indispensable avant chaque rituel;
- les conseils pour travailler en groupe et créer un *coven*!
- un rituel de base à adapter et des rituels pour des événements particuliers.

Rituel élémentaire

1. Commencez par préparer l'ESPACE ; rangez et installez un autel si vous le souhaitez. Pour purifier spirituellement l'environnement, faites brûler des fagotins de fumigation de sauge. Laissez la fumée flotter dans l'espace ou balayez symboliquement la pièce avec votre BALAI RITUEL.

2. Préparez-vous vous-même. Prenez le temps de vous relaxer. Pourquoi ne pas prendre une douche ? Vous en profiterez pour visualiser vos problèmes et soucis quotidiens qui partent avec l'eau. Il est bon d'avoir une robe dédiée aux rituels, qui signifie que vous allez pratiquer la magie, mais ce n'est pas absolument nécessaire.

3. Commencez toujours par TRACER UN CERCLE, c'est-à-dire créer un espace rituel. Pour cela, allumez des bougies placées aux points cardinaux pour représenter les éléments (nord = terre, est = air, sud = feu et ouest = eau). Sinon, pour chaque élément, dessinez un *pentagramme* dans l'air avec votre *athamé* ou avec vos mains.

4. APPELEZ L'ÉNERGIE. Pour cela, vous pouvez visualiser l'énergie montant de la terre, mère Terre, et descendant du ciel, père Soleil (voir les méditations d'appel de l'énergie pages 159 à 162).

5. Honorez les divinités et remerciez-les. Allumez une bougie qui représente les dieux et déesses de votre choix ou remerciez-les en prononçant à haute voix une bénédiction qu'ils vous ont donnée récemment.

PRATIQUEZ ou répétez des sorts, bénissez de nouveaux outils magiques ou des pierres en les passant à travers la flamme de simples bougies et pratiquez éventuellement une méditation ou une *divination*. Si vous êtes entourée d'amis, réinterprétez une histoire de la mythologie (voir page 177).

Reliez-vous à la TERRE avec de la nourriture et de la boisson. Si vous êtes en compagnie, c'est le bon moment pour bavarder, parler des livres spirituels que vous avez lus ou planifier des assemblées futures. Si vous êtes seule, pensez à vos activités SPIRITUELLES depuis le dernier rituel et celles que vous prévoyez d'ici le prochain. Veillez à garder un peu de boisson au fond de la tasse pour l'offrande à la terre.

6. Une fois terminé, FERMEZ LE CERCLE magique : éteignez les bougies, remerciez les divinités et les esprits de leur présence.

7. Remerciez à nouveau la Terre Mère avec l'offrande à la terre. Versez le reste de boisson sur une PLANTE dans votre jardin ou sur votre rebord de fenêtre. Ce liquide est imprégné d'une forte puissance magique ; versez-le sur les plantes magiques que vous cultivez pour vos sorts ou sur un buisson de houx.

Rituels en groupe

Il n'est pas nécessaire d'appartenir à un *coven* pour pratiquer des rituels, mais la pratique en groupe est préférable à celle en solo, car les ÉNERGIES MAGIQUES CUMULÉES sont plus

Conseil de sorcière

Un coven établi n'est pas indispensable à la pratique d'un rituel de groupe. Pourquoi ne pas inviter quelques amis qui s'intéressent à la magie et pratiquer ensemble ? Si tout se passe bien, ne manquez pas de lire les pages 195 à 198 traitant de la mise en place de votre propre coven.

Faites participer tout le monde !

Même si vous écrivez un rituel pour une centaine de personnes, vous pouvez impliquer chacun d'une façon ou d'une autre. Dans un appel d'énergie, par exemple, chacun peut danser, chanter, tambouriner. Certains peuvent apporter de la nourriture pour la cérémonie du partage des aliments et vous pouvez confier à d'autres la plantation de graines et la demande de bénédiction de la Terre Mère.

fortes que l'énergie individuelle. Par ailleurs, il est impossible de réaliser certaines choses en solitaire, comme l'appel de l'énergie ou la reconstitution mythologique, et il faut un GROUPE pour qu'un *grand prêtre* ou *une grande prêtresse* dirige les procédures.

Un rituel peut être une occasion merveilleuse pour les sorciers de discuter des sorts qu'ils ont pratiqués, des endroits où ils ont acheté des accessoires et de s'enseigner RÉCIPROQUEMENT de nouvelles compétences, la lecture du Tarot par exemple.

Si vous écrivez un rituel pour un groupe, assurez-vous que chacun se sente À L'AISE et adhère, surtout si vous n'avez pas l'habitude de travailler ensemble. Les uns peuvent être troublés d'invoquer certains *panthéons* de divinités ou divinités particulières, d'autres de reconstituer une descente aux enfers inspirée de la mythologie et de rencontrer les dieux de la mort. Assurez-vous également que le rituel utilisé correspond au NIVEAU D'EXPÉRIENCE de chaque participant et que chacun a un rôle précis à y jouer.

Pour la jeune femme

Ce rituel vous met en relation avec la divinité féminine et la DÉESSE HÉCATE en particulier, qui vous aide à prendre des décisions à la CROISÉE DES CHEMINS. Il est souvent utilisé pour célébrer la première menstruation d'une jeune fille. Si elle est suffisamment mûre, elle peut mener le rituel elle-même ; sinon, sa mère le fait en son nom. Il est généralement suivi d'une petite fête ou d'une sortie spéciale.

1. Pour commencer, tracez un cercle. Emplissez votre chaudron d'eau, ou un grand récipient de couleur sombre, et placez TROIS BOUGIES autour, en triangle.

2. En allumant la première bougie, prononcez ces mots :

« Hécate, j'éclaire le passé,
afin d'en tirer les enseignements. »

Allumez ensuite la seconde bougie et dites :

« Hécate, j'éclaire le présent, afin d'y vivre sereinement. »

Allumez la troisième bougie et dites :

« Hécate,
j'éclaire le futur afin d'y grandir harmonieusement. »

Prenez votre baguette – en SAULE, de préférence, celui-ci étant consacré à Hécate – ou votre *athamé*, remuez délicatement l'eau du chaudron et dites :

« Hécate, vieille sage,
guide des femmes, guide-moi.
Montre-moi ce que je dois voir. »

3. Puis observez les REFLETS des flammes de bougies dans le chaudron *(hydromancie)*. Vous verrez peut-être votre propre visage, mais plus âgé, symbole de votre avenir de leader des femmes, ou vous ne verrez que deux des trois flammes, ce qui indique que vous ne prêtez pas une attention suffisante à celle que vous ne

voyez pas. Par exemple, si vous ne voyez pas la première flamme, vous ne tirez aucun enseignement du passé… Pensez-y !

Pour le mariage wiccan (l'union des mains)

L'*union des mains* est la cérémonie qui marque un engagement et un mariage wiccan. Cela dure habituellement UN AN ET UN JOUR ; d'autres s'étendent jusqu'à ce que les enfants issus de l'union soient grands, ou pour la vie, ou à jamais, auquel cas les âmes sont unies pour renaître ensemble…

Les éléments utiles sont la BOUGIE d'unité (les fiancés portent chacun une bougie allumée et allument ensemble une grosse bougie), le saut au-dessus du BALAI (qui symbolise le début d'une nouvelle vie commune), et l'union des mains par une CORDE. L'alliance est la représentation quotidienne de la corde. Si l'assemblée est uniquement composée de Wiccans, la cérémonie peut être un rituel pleinement wiccan pratiqué dans une clairière ou à domicile.

Pour la future maman

Ce rituel est une réunion de solidarité entre femmes pour soutenir celle qui va bientôt accoucher, la FORTIFIER spirituellement et émotionnellement, et lui procurer la SÉRÉNITÉ dont elle a besoin avant d'accueillir son bébé. Un livre peut être mis à la disposition des invitées ; elles y écriront leurs messages, des conseils et des poèmes. Celles qui le souhaitent prononceront une bénédiction sur le ventre rond pour une délivrance sans problème et un BÉBÉ EN PLEINE FORME. Vous pouvez demander à chacune d'apporter une pierre polie pour en faire un collier qui aidera la future maman pendant la fin de la grossesse, à la naissance et au-delà : rubis brut pour une grossesse sans nuage ; pierre de lune pour la confiance dans le pouvoir féminin de donner la vie ; ambre pour les premières dents.

Pour accueillir bébé

Donner un nom à un bébé qui arrive au sein du foyer vaut bien une cérémonie ! Celle-ci se déroule EN PLEIN AIR afin que mère Nature puisse également accueillir le bébé.

Le rituel peut donc être reporté jusqu'à ce que le temps soit assez chaud (gare au rhume !). Il arrive aussi que des parents attendent que l'enfant soit âgé de trois ou quatre ans, ce qui lui permet de garder un souvenir de l'événement.

Les parents sorciers creusent un trou dans lequel ils plantent un ARBRE au nom du bébé. Ils demandent à des amis proches de veiller sur l'enfant et de l'accompagner vers une belle vie. On choisit généralement une femme (déesse Mère) et un homme (dieu Père), mais il peut parfois s'agir de quatre personnes, une pour chaque élément.

Pour une renaissance

Mettre un terme à une relation qui n'est pas satisfaisante, envie de partir loin… Quand un point final rapide et un nouveau départ s'imposent, les rituels de renaissance sont un soutien. Dans l'idéal ils sont pratiqués pendant une ÉCLIPSE ou une LUNE BLEUE ; la seconde des deux pleines lunes d'un mois calendaire, mais ces événements sont rares, et la nouvelle lune est également propice.

1. Allumez CINQ BOUGIES de couleurs différentes, jaune ou dorée pour le soleil, verte pour la terre et un avenir positif, bleue ou argent pour la lune, blanche pour la lumière et l'énergie positive.

Conseil de sorcière

Si des personnes non wiccanes assistent à des rituels de vie, comme l'union des mains ou la bénédiction de la future maman, veillez à ne pas heurter leur sensibilité. Par exemple, proposez-leur de lire un poème. Soyez prévoyante ! Un email envoyé préalablement ou un livret qui explique les différentes parties du rituel mettra tout le monde plus à l'aise !

2. Méditez un moment sur la nécessité du changement voulu et ce que vous pouvez faire dans le monde profane pour le faciliter. Demandez leur aide à vos ANCÊTRES ainsi qu'à votre *divinité patronne* ou à une déesse de l'éclipse lunaire (Rahu, Hécate ou encore Isis).

3. Répétez ce rite une fois par semaine jusqu'à ce que vous vous sentiez EN PHASE avec ce changement.

Pour la femme d'âge mûr

Ce rituel célèbre une femme qui avance vers la troisième phase de la vie. Elle est considérée comme une FEMME SAGE après la ménopause. Lors de cette cérémonie, nombre de femmes choisissent de déclarer qu'elles sont satisfaites de leur âge et fières de leurs rides d'expressions.

On lui offre généralement un LIVRE VIERGE afin qu'elle puisse consigner sa connaissance à destination des générations futures. Les plus jeunes femmes de la famille apportent de la NOURRITURE en l'honneur de la lauréate et écoutent ses récits — y compris peut-être celui de leur naissance. On peut lui offrir un vêtement blanc, qui ne risque plus d'être souillé par le sang menstruel et, si elle appartient à un *coven*, un BÂTON en symbole de sa sagesse et de son aptitude à guider les plus jeunes.

LES FÊTES ET LES RITUELS SAISONNIERS

La sorcellerie au fil des saisons. . .

Les Wiccans pratiquent un rituel de travail nommé *Esbat* à chaque pleine lune. Toutes les six semaines environ, une célébration plus importante, appelée *Sabbat* a lieu. Vous êtes libre d'adapter les rituels décrits dans cette partie à votre convenance.

DANS CE CHAPITRE VOUS TROUVEREZ :

- Un rituel d'*Esbat* détaillé avec ses incantations;
- Samhain, Yule, Imbol... Les *Sabbats* incontournables fêtés par les sorciers et les rituels pour les célébrer (décoration de l'autel, activités, nourriture, etc.).

UN RITUEL D'*ESBAT*

Une ph(r)ase après l'autre...

Dans le passé, les *Esbats* se tenaient à la pleine lune, car la communication était difficile et les rituels devaient être tenus secrets. La phase de pleine lune durant plusieurs jours, vous pouvez pratiquer votre rituel deux jours avant ou après la date exacte !

Rituel de travail

« Voici venu le temps
de la pleine lune ;
Voici venu le temps
de l'achèvement et
de la magie positive.
Pour le mois à venir je rassemble ;
Mes pensées et mon pouvoir ;
Mes souhaits et mes désirs. »

Pour tracer le cercle

« Tel que le monde d'en haut
est le monde d'en bas ;
Tel que l'extérieur est l'intérieur ;
Tel que l'univers est mon âme ;
Tel que le monde est mon esprit ;
Le cercle est tracé et je suis ;
Au-delà des mots ;
Au-delà des limites
du temps ;
Où la nuit et le jour,
la naissance et la mort ;
La joie et la tristesse
ne font qu'un. »

Pour appeler les éléments

« Du Nord, j'appelle la Terre ;
Ô Force enracinée,
salut et bienvenue !
De l'Est, j'appelle l'Air ;
Ô Pensée pure, salut et bienvenue !
Du Sud, j'appelle le Feu ;
Ô Esprit vital, salut et bienvenue !
De l'Ouest, j'appelle l'Eau ;
Ô Sagesse intuitive, salut
et bienvenue ! »

Pour invoquer déesse et dieu

« Ô Déesse qui gouverne la
Terre et tout ce qu'elle contient ;
Qui fixe le temps où
commence notre vie ;
Qui m'apporte le bonheur
et la gaieté ;
Qui me donne valeur et estime :
Touche ce cercle de ton amour,
au-dessus de moi comme en dessous !

Ô Dieu du Soleil qui
brille dans le ciel ;
Qui nous réchauffe de
ta lumière et de ton amour ;
Qui nous apporte la santé
et la prospérité ;
Qui change tout ce qui doit
l'être pour le meilleur :
Touche ce cercle de
ton amour, au-dessus de moi
comme en dessous ! »

Pour allumer la bougie de l'autel

« Nous allumons cette
bougie aujourd'hui ;
En présence du Seigneur
et de la Dame ;
Sans malice, sans
jalousie, sans envie ;
Sans crainte,
sous le soleil couchant ;
Car nous savons que leur
lumière et leur amour ;
Nous guideront sur la bonne voie ;
Même quand nous
ne pouvons les voir ;
Même dans les temps
obscurs de l'hiver. »

LES *SABBATS*

Les fêtes de saison !

Quatre *Sabbats* ont une origine astronomique ; ils célèbrent la nuit et le jour les plus longs (solstices), ainsi que l'équilibre du jour et de la nuit, deux fois par an (équinoxes).

Samhain : le 31 octobre

Décorez l'autel avec des feuilles d'automne, des photos des êtres aimés disparus, un chaudron, une nappe d'autel noire, des os et des citrouilles ou des navets sculptés.

Rituel de Samhain

POUR TRACER LE CERCLE :

« Je trace ce cercle une fois,
pour que s'écartent tout
problème et tout malheur.
Je trace ce cercle deux fois, pour
que paix et amour y abondent.
Trois fois tracé, ce cercle est sûr
désormais, protégé par le pouvoir
du Seigneur et de la Dame. »

EN INVOQUANT DÉESSE ET DIEU, quand vous allumez les bougies ou contemplez le ciel, récitez cette invocation :

« Grand Dieu, Sombre Mère !
Dans ce cercle je vous invite
pour m'assister et me protéger.
Grand Dieu, Dieu du cycle
universel de la naissance,
la mort et la renaissance !
En mon cercle je vous invite pour
m'assister et me protéger. »

POUR APPELER LES ÉLÉMENTS, lorsque vous allumez les bougies :

« Élément et esprits de la Terre, je fais appel à votre sagesse et demande votre énergie, pour que vous soyez témoins des célébrations de cette année finissante, des bénédictions de Samhain et de l'union des esprits. »

« Élément et esprits de l'Air, je fais appel à votre sagesse et demande votre énergie, pour une communication claire avec les esprits, la connaissance et la compréhension divines. »

« Élément et esprits du Feu, je fais appel à votre sagesse et demande votre énergie, pour la purification de l'esprit, du corps, de l'âme et de la moisson. Nous vous demandons votre divine protection sur toutes les choses que nous vous présentons pour être revues, réexaminées et résolues. »

« Élément et esprits de l'Eau, je fais appel à votre sagesse et demande votre énergie, pour l'examen de ma voie et de ma progression. »

ALLUMEZ LA BOUGIE de l'autel ou tenez un symbole relatif à la saison et dites :

« En cette nuit de Samhain, je célèbre le roi Soleil passant dans la Terre des Jeunes. Avec lui, je remarque le passage de tous ceux qui sont venus avant et de tous ceux qui viendront après. Dieu Gracieux, notre Mère à tous, enseignez-moi que dans les temps les plus obscurs brille la lumière la plus vive. Avec la nuit vient la nouvelle année ; bénis soient ceux qui l'attendent avec moi, ma famille, mes amis et le monde entier. »

POUR LES LES REMERCIEMENTS au Seigneur et à la Dame, quand vous soufflez les bougies du dieu et de la déesse, prononcez ces mots :

« Grande déesse et grand dieu, soyez remerciés pour votre présence

Conseil de sorcière

N'ayez pas peur d'entrer en contact avec vos ancêtres à cette période de l'année ou à la nouvelle lune. Invitez-les toujours, ne les forcez jamais à vous fréquenter ; les fantômes apprécient autant le respect que les vivants !

dans mon cercle et pour vos dons d'amour et de protection. »

POUR CONGÉDIER LES ÉLÉMENTS, soufflez les bougies et dites :

« Élément et esprits de l'Eau, pour votre sagesse et votre énergie, pour l'examen de ma voie et de ma progression, je vous remercie. Salut et Adieu ! »

« Élément et esprits du Feu, pour votre sagesse et votre énergie, pour la purification de l'esprit, du corps, de l'âme et de la moisson, je vous remercie. Salut et Adieu ! »

« Élément et esprits de l'Air, pour votre sagesse et votre énergie, pour une communication claire avec les esprits, la connaissance et la compréhension divines, je vous remercie. Salut et Adieu ! »

« Élément et esprits de la Terre, pour votre sagesse, votre énergie et votre amour, pour avoir été témoins des célébrations de cette année finissante, des bénédictions de Samhain et de l'union des esprits, je vous remercie. Salut et Adieu ! »

Je tiens à vous faire remarquer que cette incantation est totalement inversée par rapport à celle qui appelle les éléments (voir page ci-contre). L'aviez-vous vu ?

POUR FERMER LE CERCLE, concentrez-vous et prononcer l'incantation suivante :

« Puissent l'amour de la Dame et la joie du Seigneur être toujours dans mon cœur. Ce cercle est ouvert sans être brisé. Joyeuse participation et joyeuse rencontre à venir ! »

Yule : autour du 21 décembre

Yule célèbre la RENAISSANCE du dieu Soleil, souvent représenté comme le roi du Houx (qui symbolise le froid et l'hiver) détrôné par le roi du Chêne, qui symbolise la force et la chaleur. C'est l'instant de la méditation sur la renaissance, de la réflexion sereine, et le moment de se lever pour saluer le soleil à l'aube.

Décorez l'autel avec des cônes de pin, des guirlandes d'AIRELLES et de popcorn (superbe comme offrande à la terre pour les oiseaux ensuite), beaucoup de BOUGIES, des boules de Noël rouges et dorées, du gui et des symboles de la lune. Préparez des PETITS GÂTEAUX à partager et à offrir à vos convives.

Imbol : le 1er février

C'est la fête de la DÉESSE BRIGIT. Ce *Sabbat* est également appelé « Chandeleur ». Décorez l'autel avec des bougies éteintes, des graines et des accessoires en triple exemplaire pour symboliser la déesse triple (Jeune Fille, Mère, Vieille Femme).

Récitez de la poésie, confectionnez une CROIX de Brigit, bénissez vos bougies pour l'année et profitez de cette période pour vous initier aux techniques de GUÉRISON ou les accomplir au profit des autres (en pratiquant du reiki ou en préparant des infusions de plantes, par exemple).

Ostara : autour du 21 mars

C'est le *Sabbat* de l'ÉQUILIBRE et de la FÉCONDITÉ : le dieu Soleil renaît environ neuf mois plus tard. Débarrassez-vous des herbes magiques passées. Abandonnez

les livres de sorcellerie et tous les ACCESSOIRES dont vous n'avez plus besoin, et faites des projets pour la saison féconde à venir, physiquement et spirituellement !

DÉCOREZ l'autel avec un balai de brindilles (pour symboliser le grand nettoyage de printemps), des œufs décorés, de la verdure printanière, une statue de lapin.

Beltaine : le 1er mai

C'est une grande FÊTE DU FEU et la célébration du couple. Décorez l'autel avec des fleurs fraîches de couleurs pastel, des symboles d'union comme une photo d'un couple heureux ou deux poissons dans un bocal, un arbre de mai miniature ou tout autre symbole phallique.

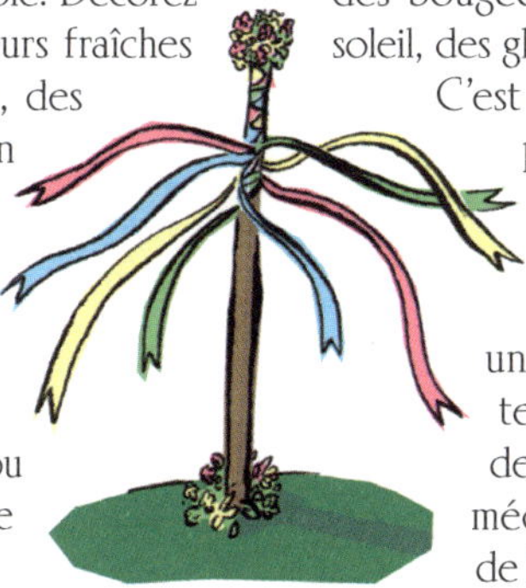

Allumez un feu si vous le pouvez ; un feu de joie dans le jardin, un minifeu dans votre chaudron, ou tout simplement un petit feu dans la cheminée ! TRESSEZ DES RUBANS de différentes couleurs pour la magie et en guise de décoration, et composez une couronne de fleurs ou un collier de marguerites à porter.

Litha : autour du 22 juin

Principal *Sabbat* en l'honneur du dieu Soleil, Litha est donc la fête de la VIRILITÉ, de la FORCE et du COURAGE. Décorez, par conséquent, l'autel avec des symboles solaires, comme des tournesols, des bougeoirs en forme de soleil, des glands et du safran. C'est le moment idéal pour pique-niquer ou pour méditer au grand air. Pratiquez un rituel ou méditez à midi. Faites des activités ou des méditations d'appel de l'énergie.

Lughnasadh ou Lammas : le 1er août

Ce *Sabbat* est la première fête des RÉCOLTES. C'est une époque de joie et de plaisir, souvent considérée comme le jour d'action de grâce de la sorcellerie. Décorez l'autel avec des GRAINES et des légumes fraîchement récoltés, des gerbes de BLÉ et de MAÏS, une épée ou un nouvel *athamé*. Confectionnez des poupées de paille, jouez à des jeux d'enfants, racontez des blagues, faites cuire du pain et fabriquez des bijoux avec du fil de fer.

Rituel de Lughnasadh

1. Préparez votre ESPACE SACRÉ à votre convenance ; tracez un cercle et appelez l'énergie. Allumez la bougie de l'autel et récitez :

« Me voici à la première moisson,
fête sacrée de Lughnasadh,
pour chercher à comprendre la vie,
la mort et la renaissance,
et pour honorer ceux
qui les ont traversées.
Seigneur et Dame,
accordez-moi l'inspiration. »

2. Prenez un temps de réflexion, au CALME, sur la vie et l'abondance que nous offre mère Nature avec la moisson. Placez des aliments ou des fruits de la moisson sur votre autel et dites :

« Je te remercie, mère Nature,
pour ta générosité et je vous
remercie, dieux et déesses,
de me guider et me protéger. »

3. Prenez une PLUME, de préférence colorée (plume de paon ou plume irisée de geai à ailes blanches) et chatouillez légèrement votre joue. Souriez et dites :

« Seigneur Lugh, Dame
Gaïa, venez à moi ! Aidez-moi
à trouver la joie en toute chose !
Je suis parfois stressée, mais
aujourd'hui j'aurai du plaisir,

J'apprécierai ma nourriture et la fête avec le soleil. »

4. Si un membre de votre famille ou un ami est TRISTE, prend les choses trop au sérieux, ou si un collègue est sous pression, visualisez cette personne et imaginez-vous la chatouiller avec votre plume jusqu'à ce qu'elle rie.

5. Fermez L'ESPACE SACRÉ comme vous le souhaitez, ou reportez-vous à la page 187.

Conseil de sorcière

Quand le rituel est terminé, donnez en offrande à la terre les aliments décorant l'autel, afin de remercier mère Nature en nourrissant ses animaux.

Mabon : autour du 22 septembre

Ce *Sabbat* est la deuxième fête des récoltes, une époque d'équilibre et de préparation à l'entrée dans l'hiver. Pour le célébrer, faites des conserves de fruits et de légumes, confectionnez de l'hydromel et faites cuire des gâteaux de maïs.

Décorez l'autel avec des BAIES, des LÉGUMES-RACINES, des symboles d'équilibre tels qu'une balance ou un dessin du Ying et du Yang, et des pommes.

Idées variées pour occuper les fêtes !

Vos amis ne sont pas sorciers, ou votre enfant est encore trop petit pour que vous lui parliez de magie ? Voici quelques activités que vous pouvez partager avec eux !

Samhain

Sculptez des citrouilles ou confectionnez des lanternes avec du papier de couleur ; recueillez-vous sur les tombes des êtres chers.

Yule

Décorez un sapin de Noël, symbole d'espoir perpétuellement vert, avec des boules dorées pour symboliser le dieu Soleil. Confectionnez une bûche de Yule au chocolat.

Imbolc

Fabriquez vos bougies ; organisez un concours de poésie ; nourrissez les oiseaux et autres petits animaux pour remercier mère Nature de vous avoir nourri pendant le temps des moissons.

Ostara

Décorez des œufs ; organisez une foire au troc à laquelle chacun apportera des vêtements ou des accessoires dont il ne veut plus. Tout ce qui restera pourra être donné à une œuvre caritative.

Beltaine

Organisez une soirée dansante ; visitez une ferme ou un zoo et allez voir les petits des animaux ; plantez des légumes ou des fleurs.

Litha

Faites un pique-nique en famille dans la campagne. Dans mon coven, nous profitons de cette occasion pour inviter et faire la connaissance de personnes non wiccans.

Lughnasadh

Jouez à des jeux ou organisez des compétitions basées sur la force physique ; faites cuire du pain et partagez-le avec vos voisins ; créez des masques drôles avec des brindilles et des graines.

Mabon

Faites la cuisine ensemble, improvisez une soirée tombola ; participez à un concours caritatif et partagez votre chance avec des personnes en difficultés.

POURSUIVEZ VOTRE VOYAGE…

Et après ?

Avant de rejoindre un *coven*, commencez par une exploration personnelle afin de pratiquer votre magie et votre culte de la façon que vous voulez. Étudiez les traditions de la wicca et les *panthéons* de divinités afin de choisir ceux qui vous conviennent. La durée de cette période dépend de vous. Certains se sentent prêts à rejoindre un *coven* au bout de quelques mois ou années, d'autres préfèrent rester solitaires… Si vous souhaitez rejoindre un *coven*, vous serez capable de distinguer un *coven* sérieux d'un *coven* qui se veut plus léger.

DANS CE CHAPITRE, VOUS TROUVEREZ :

- tous les conseils et recommandations pour rejoindre un *coven;*
- les étapes à franchir et les pièges à éviter pour fonder votre propre groupe;
- les méthodes pour faire participer votre animal de compagnie à votre magie.

Foire aux questions pour prendre une décision !

Au moment de vous décider à joindre un *coven,* vous aurez besoin d'informations. Voici quelques questions intéressantes à se poser…

Quand, où et à quelle fréquence le groupe se rassemble-t-il ? Le PLANNING du *coven* est un point non négligeable, car il ne vous conviendra peut-être pas pour diverses raisons : vie professionnelle, vie familiale, vous n'êtes pas véhiculée ou n'avez pas votre permis de conduire…

Quelles divinités ou quel *panthéon* le groupe vénère-il ? Cela pose-t-il problème que vous vénériez des divinités différentes de votre côté ?

Devez-vous apporter quelque chose aux réunions du *coven* ? Celui-ci se réunit peut-être dans un local loué grâce à une petite CONTRIBUTION de chaque membre ou chacun apporte peut-être de la nourriture à partager et des bougies.

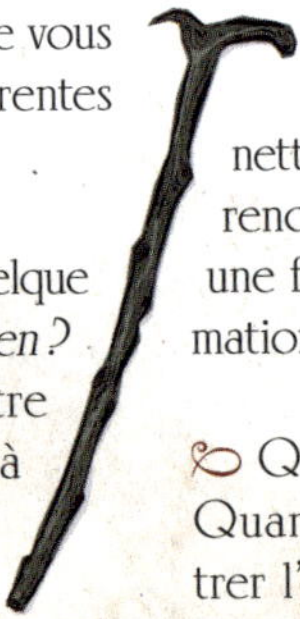

Quand le groupe initie-t-il de nouveaux membres ? Dès l'arrivée dans le *coven,* au bout d'un an et un jour ou lorsque le nouveau membre se sent prêt ?

Que se passe-t-il si vous ne pouvez pas assister à toutes les réunions ? Dans certains *covens,* vous devez ÊTRE PRÉSENTE trois fois sur quatre, ou au moins une réunion sur deux, sous peine d'être exclue.

Les nouveaux membres doivent-ils suivre une formation ou accomplir des TÂCHES PARTICULIÈRES ? Parfois, le nouvel entrant doit assurer le nettoyage après les réunions ou rencontrer la *grande prêtresse* une fois par mois pour une formation individuelle.

Que se passe-t-il ensuite ? Quand pourrez-vous rencontrer l'ensemble du *coven* ? Dans

Conseils de sorcière

Méfiez-vous des covens qui vous proposent, voire exigent, une initiation dès la première ou deuxième réunion. Un bon coven prendra son temps et vous laissera le vôtre pour savoir si les choses peuvent coller entre vous !

Quand il fait chaud, projetez de faire une randonnée ou un pique-nique avec votre nouveau groupe sorcier. Vous vous rapprocherez ainsi de la nature et vous pourrez pratiquer un rituel ou une méditation simple, même dans un environnement animé et en tenue profane !

certains cas, la RÈGLE veut que vous rencontriez le *grand prêtre* et/ou la *grande prêtresse* à plusieurs reprises avant de rencontrer l'ensemble du *coven.* Dans d'autres, les nouveaux membres n'assistent qu'aux *Sabbats* la première année et ne sont admis aux *Esbats* (où les rites sont plus avancés) qu'après leur initiation.

Pour rejoindre un *coven*...

Considérez les étapes initiales à l'intégration dans un *coven* comme un RENDEZ-VOUS avec quelqu'un d'inconnu : rencontrez le représentant dans un lieu public, posez beaucoup de questions... Ne cédez à aucune PRESSION et ne faites rien que vous ne souhaitiez faire ! Mais rappelez-vous qu'une chose qui vous met mal à l'aise maintenant n'est pas forcément mauvaise. Par exemple, de nombreux *covens* pratiquent le naturisme rituel. Si cela vous perturbe, demandez-vous si votre malaise est lié aux personnes présentes ou s'il s'agit d'une limite personnelle que vous pourriez changer (cela est à prendre avec des pincettes : pour rappel, ayez pour RÈGLE D'OR de ne JAMAIS vous forcer à faire quoi que se soit !).

Fondez votre propre groupe !

À chacun sa façon de vivre la magie ! Certaines personnes travaillent bien dans la solitude et ne rejoignent jamais un *coven*, sauf peut-être pour un soutien EN LIGNE ou un travail de groupe à distance. D'autres trouvent plus facile d'apprendre au sein d'un *coven* ou ont un besoin impérieux de l'ASPECT SOCIAL. Rien de plus facile que d'adhérer à un *coven* établi, mais encore faut-il le trouver, ce qui n'est pas toujours aisé, surtout en dehors des grandes villes. Et si vous l'avez trouvé, il est possible qu'il ait déjà trop de membres ou que les « vibrations » que vous sentez vous indiquent qu'il n'est pas pour vous. Que faire alors ?

Une solution simple s'offre à vous : fondez votre PROPRE GROUPE de magie ! Cela demande du temps et de l'énergie, mais les efforts sont largement récompensés.

1. Ne vous contentez pas de lire des livres sur les *covens* et de lancer un groupe avec de grandes cérémonies d'initiation et des robes brodées ! DÉMARREZ LENTEMENT et modestement, à l'image de mère Nature qui permet à un chêne imposant de se développer à partir d'un gland minuscule.

2. Entourez-vous de personnes qui ont la MÊME VISION DE LA MAGIE que vous. Il ne s'agit pas forcément de votre meilleure amie, même si elle est également versée dans la sorcellerie. Je vais vous raconter une petite histoire... Quand j'ai décidé de former un *coven*, j'ai tout de suite pensé à mes trois meilleures amies avec qui j'avais suivi des méditations guidées et des cours de Tarot. Mais il s'est avéré que l'une n'y voyait qu'un passe-temps amusant, une autre était chrétienne et refusait de

vénérer d'autres divinités et la troisième était très motivée, mais ne voulait vénérer que des divinités égyptiennes, alors que je me sentais très attirée par les dieux et déesses celtes. J'ai donc fait circuler mon intention de fonder un groupe d'étude de la magie par le biais des amis d'amis, une annonce dans une LIBRAIRIE ÉSOTÉRIQUE et en ligne.

3. Nous nous sommes rencontrés deux fois par mois dans un café du coin pour discuter d'un sujet de magie. L'intérêt d'un LIEU PUBLIC était que tout le monde se sentait À L'AISE et que nous avons fait connaissance tranquillement. J'ai trouvé dans ce groupe des personnes avec qui j'étais sur la même longueur d'onde et nous avons commencé à nous rencontrer en privé.

4. Nous avons décidé d'un nom et de RÈGLES fondamentales pour notre *coven*, dont certaines étaient inspirées de ma maîtresse spirituelle, d'autres tirées de livres

Le cercle d'énergie

Dans un coven *de débutants ou simplement dans un groupe intéressé par la spiritualité, il est recommandé d'appeler l'énergie avec le cercle des mains jointes. Une personne (la* grande prêtresse *s'il s'agit d'un* coven*) presse doucement la main de la personne à sa gauche, qui serre la main de la personne suivante et ainsi de suite. Commencez lentement et, à chaque fois qu'un cercle est formé, accélérez en visualisant un cône d'énergie qui se forme dans le cercle. Quand la* grande prêtresse *sent une accumulation suffisante d'énergie, elle lâche les deux mains voisines et lève les siennes. Tous les autres font de même et le rituel à proprement parler commence alors.*

ou même imaginées par nos soins. Habituellement, un *coven* se réunit à chaque PLEINE LUNE pour un *Esbat* (rituel) et pour les huit *Sabbats* (fêtes) annuels. Nous avons commencé par un rendez-vous pour chaque *Sabbat*, en alternance avec des RENCONTRES INFORMELLES, de façon à continuer à nous accoutumer doucement les uns aux autres. Les *Sabbats* sont davantage axés sur la célébration et la vénération que sur la magie proprement dite. Deux personnes ont abandonné quand les choses sont devenues plus sérieuses et je suis restée avec cinq membres qui sont devenus le noyau du groupe et de vrais amis spirituels !

5. SI VOUS HÉSITEZ entre créer votre *coven* ou en rejoindre un existant, sachez qu'avec le recul, si cela était à refaire, je n'hésiterais pas ! J'étais jeune quand j'ai fondé mon *coven* et je n'étais pas sûre de vouloir m'engager spirituellement et émotionnellement. Je voulais rejoindre un *coven* établi et y faire mon apprentissage, mais la Déesse m'a finalement guidée et, aujourd'hui, je ne voudrais rien changer à ma vie !

Impliquez vos animaux dans la magie !

J'espère que vous ne croyez pas que toutes les sorcières ont un chat noir ! Toutefois, un nombre surprenant d'entre nous en possède un !

Les sorciers sont sensibles aux animaux et aiment la nature. Les chats noirs trouvent difficilement un nouveau foyer quand ils sont hébergés dans un refuge et nombre de sorciers donnent la préférence à un CHAT ou un CHIEN NOIR quand ils adoptent un animal… Mais les animaux ne sont pas seulement une compagnie pour les soirées solitaires, ils peuvent aussi être des compagnons de magie…

Certains ont une AFFINITÉ avec la magie et veulent participer activement aux sortilèges ou aux rituels. Ils ont le potentiel pour être des *familiers*, c'est-à-dire des êtres qui canalisent les esprits animaux afin qu'ils prennent part aux rituels, tout comme les humains prient les fées ou les divinités d'être présentes. Le *familier* peut également PRÊTER SON ÉNERGIE magique à un sortilège pour le rendre plus puissant.

Pour la meilleure « formation » de votre animal, autorisez-le à être PRÉSENT quand vous travaillez sur un sort ou pratiquez un rituel, même s'il est perturbateur. Cela est souvent le cas au début… Mon chat était un *familier*. Il commença par jouer avec les glands de ma robe, mais apprit rapidement à marcher autour du cercle avec moi au début d'un rituel et miaulait dans chaque direction quand j'invoquais les éléments.

Les chats et les chiens ne sont pas les seuls à avoir le potentiel de *familiers*. Tout animal avec qui vous avez une RELATION ÉTROITE peut aider la magie. Un cheval à qui on lâche raisonnablement les rênes peut vous emmener jusqu'à une clairière idéale pour la méditation ou à un arbre dont vous prendrez un rameau pour faire une baguette... Deux poissons rouges dans le quartier nord de votre maison aideront à attirer l'argent et la générosité de la terre, élément du nord ; et un COUPLE D'ANIMAUX au sud (pour le feu et la passion) vous aidera à apporter l'amour dans votre foyer et à le conserver.

CONCLUSION

La magie n'est pas un jeu !

Les sortilèges pour l'AMOUR sont délicats à manier. Si vous êtes autorisée à trouver l'amour, vous ne l'êtes pas à compromettre sa liberté ! Même si vous êtes sûr qu'une personne est faite pour vous, vous n'avez pas le droit de l'obliger à tomber amoureuse de vous ! Je vous recommande de maintenir la NEUTRALITÉ des sortilèges d'amour et de demander à ce que l'amour vienne à vous : tout en espérant que la magie attire une personne précise, gardez l'esprit et le cœur ouverts pour n'importe qui. Par précaution, ajoutez une réserve telle que :

« Si cela est fait pour le bien de tous, et sans nuire à quiconque, qu'il en soit ainsi ! ».

Dans la magie pour la SANTÉ et la GUÉRISON, pour vous ou autrui, il est probable que vous marchiez sur des œufs… De multiples sorts et recettes magiques de guérison sont forts et fonctionnent bien, même les plus simples comme le port d'une turquoise pour éviter les fractures (voir page 134). Mais la magie met un certain temps à « couver » et au cours de ce délai, une maladie peut s'aggraver. Vérifiez toujours que le problème de santé que vous traitez par la magie n'est PAS GRAVE. Si vous avez le moindre doute, consultez un MÉDECIN sans tarder. Une maladie peut aussi avoir une cause sous-jacente ; une période d'introspection ou de repos est alors utile. Soyez extrêmement PRUDENTE quand vous pratiquez la magie pour aider les autres.

Usez sans abuser !

L'énergie magique nous entoure de toute part, mais cela ne signifie pas qu'il soit toujours bon de l'exploiter ! En réalité, votre magie n'est pas forcément BIENVENUE quand elle vise une autre personne…

Demandez toujours l'ACCORD de la personne concernée avant de pratiquer un sortilège en sa faveur, à moins de savoir pertinemment qu'elle approuve la magie. Si vous n'osez pas poser la question, vous détenez probablement la réponse.

Vous pouvez néanmoins envoyer de l'ÉNERGIE POSITIVE, ce qui équivaut à une prière, ou prier les divinités ou les esprits auxquels vous croyez.

Enfin, ne devenez pas trop confiante et DÉPENDANTE de la magie. Si elle peut vous aider dans la plupart des cas, elle ne peut pas résoudre tous vos problèmes. Vous devez travailler, tant dans le monde profane que dans le monde magique, pour résoudre vos problèmes et atteindre vos objectifs.

Je vous souhaite bon voyage sur les routes de la sorcellerie et de la magie, à pied, en voiture… ou en balai !

Dans les pages suivantes...

Vous trouverez un tas d'informations utiles pour avancer dans votre apprentissage de la sorcellerie :

- *des tableaux d'associations magiques qui récapitulent les liens entre les intentions de sorts et les pierres correspondantes, les couleurs et leurs significations magiques, les divinités...*
- *le calendrier lunaire, de janvier à décembre, pour identifier en un coup d'œil les phases de la lune et connaître le meilleur moment pour jeter vos sorts.*
- *le lexique de la gentille sorcière pour parler « sorcier » couramment !*

Pour aller plus loin...

ET DEVENIR LA PREMIÈRE SORCIÈRE DE LA CLASSE !

TABLEAUX DES ASSOCIATIONS MAGIQUES

Soyez incollable pour jeter des sorts. . .

LES INTENTIONS DES SORTS

	CRISTAL	COULEUR	DIEU	DÉESSE	HERBE
AMOUR	Quartz rose	Rose	Éros	Aphrodite	Cannelle
SEXE	Grenat	Rouge	Pan	Vénus	Poivre rose
FÉCONDITÉ	Émeraude	Vert	Amon	Cerridwen	Mandragore
TRAVAIL	Œil-de-tigre	Marron	Lugh	Déméter	Mousse d'Irlande
ARGENT	Malachite	Or	Râ	Oxum	Basilic
PROTECTION	Améthyste	Blanc	Atlas	Artémis	Girofle
AMITIÉ	Ambre	Jaune	Baldr	Hestia	Valériane

	CRISTAL	COULEUR	DIEU	DÉESSE	HERBE
VAINCRE LE MAUVAIS SORT	Onyx	Noir	Osiris	Perséphone	Bergamote
CHANCE	Obsidienne	Argent	Odin	Athéna	Noix de muscade
JUSTICE	Topaze	Orange	Forseti	Maât	Verveine
SANTÉ	Turquoise	Bleu	Apollon	Brigit	Camomille
CONFIANCE EN SOI	Quartz transparent	Bleu foncé	Zeus	Isis	Estragon
FÉES	Pierre de lune	Arc-en-ciel	Loki	Morrigan	Chardon
ANCÊTRES	Hématite	Gris	Anubis	Arianrhod	Mélisse

ATTENTION : la mandragore *(Mandragora officinarum)* est une plante toxique à ne pas ingérer et à manipuler avec précaution.

LES COULEURS ET LEURS CORRESPONDANCES MAGIQUES

	Premier effet magique	Deuxième effet magique	Herbe
Rose	Amour	Harmonie	Trèfle des prés
Rouge	Sexe	Passion	Piment
Rouge foncé	Protection	Vigueur	Poivre rose
Vert clair	Changement d'attitudes	Météo	Grande camomille
Vert foncé	Prospérité	Fécondité	Mousse d'Irlande
Marron pâle	Voyage	Construction	Gingembre
Marron	Travail	Animaux	Mandragore
Or	Argent	Beauté	Menthe pouliot
Blanc	Paix	Purification	Camomille
Jaune	Amitié	Examens	Citronnelle
Noir	Vaincre le mauvais sort	Protection	Hellébore noir
Argent	Chance	Jeu d'argent	Euphraise

	Premier effet magique	Deuxième effet magique	Herbe
Orange	Justice	Aptitude à diriger	Origan
Bleu	Santé	Foyer	Romarin
Bleu foncé	Confiance en soi	Protection de la sagesse	Chardon
Gris	Ancêtres	Patience	Sauge
Violet	Science occulte	Pouvoir	Ciboulette
Lavande	Conscience psychique	Bénédiction	Lavande

ATTENTION : la mandragore *(Mandragora officinarum)* et l'hellébore noir *(Helleborus niger)* sont des plantes toxiques à ne pas utiliser en usage interne et à manipuler avec précaution.

LES ÉLÉMENTS ET LEURS CORRESPONDANCES MAGIQUES

	Terre	Air	Feu	Eau
Direction	Nord	Est	Sud	Ouest
Couleur	Marron	Jaune	Rouge	Bleu
Cristal	Œil-de-tigre	Diamant	Opale	Aigue-marine
Outil magique	Pentagramme	Baguette	Athamé	Calice
Saison	Automne	Printemps	Été	Hiver
Animal	Cerf	Oiseau	Salamandre	Poisson
Symbole sur l'autel	Sel	Encens	Bougie	Eau
Moment de la journée	Matin	Aube	Midi	Nuit
Dieu	Cernunnos	Thot	Loki	Poséidon
Déesse	Déméter	Arianrhod	Brigit	Vénilia
Magie	Force intérieure	Intuition	Énergie	Purification

LA MAGIE ET LES JOURS DE LA SEMAINE

	MAGIE	DIVINITÉ	COULEUR	CRISTAL	HERBE
LUNDI	Guérison	Lune	Argent	Opale	Fenouil
MARDI	Pouvoir	Mars	Rouge	Rubis	Piment
MERCREDI	Divination	Mercure	Violet	Améthyste	Euphraise
JEUDI	Argent	Jupiter	Bleu	Saphir	Basilic
VENDREDI	Amour	Vénus	Rose	Quartz rose	Cannelle
SAMEDI	Protection	Saturne	Gris	Quartz transparent	Girofle
DIMANCHE	Bonheur	Soleil	Or	Cornaline	Badiane

PETIT LEXIQUE DE LA PARFAITE SORCIÈRE

Pour parler « sorcier » couramment !

ATHAMÉ : couteau rituel qui n'est pas utilisé pour couper les objets physiquement, mais pour exercer la magie et pour travailler avec l'énergie (par exemple, en vue d'une future utilisation dans des sorts ou des infusions médicinales, trempez l'extrémité de la lame dans un récipient d'herbes, sur l'autel, pour les charger d'énergie magique). Traditionnellement, le manche de l'athamé est noir.

BALAI DE SORCIÈRE : il est souvent décoré d'herbes purifiantes telles que la sauge, le persil et le romarin pour nettoyer symboliquement l'espace rituel avant de pratiquer la magie. Il peut aussi être décoré de fleurs et de plantes pour ajouter une note de charme à une *union des mains.*

BOLLINE : couteau destiné à couper les accessoires de la magie, comme les herbes ou les cordons. Traditionnellement, le manche de la bolline est blanc.

CHAUDRON : grand récipient ou marmite, traditionnellement noir, destiné à la préparation d'aliments magiques ou à l'*hydromancie.*

COVEN : groupe de sorciers se rassemblant régulièrement pour pratiquer la magie.

DEOSIL : ce terme signifie « dans le sens des aiguilles d'une montre ». Lors d'une préparation, remuer deosil permet d'augmenter l'énergie que vous souhaitez lier au sort.

DIVINATION : lecture du futur grâce à des cartes de Tarot, des runes ou autres méthodes.

DIVINITÉ PATRONNE : divinité dont vous vous sentez particulièrement proche.

ESBAT : réunion du *coven*, habituellement à la pleine lune.

FAMILIER : animal, souvent de compagnie, qui participe à la préparation magique d'un sort.

GRAND PRÊTRE/GRANDE PRÊTRESSE : guide spirituel à la tête d'un *coven*.

HYDROMANCIE : forme de divination pratiquée dans le reflet de l'eau, une boule de cristal, un miroir, etc.

LIVRE DES OMBRES : journal dans lequel le sorcier consigne ses sorts et sa magie. Aujourd'hui, il est souvent tenu en ligne, sur Internet.

ONGUENT : pommade médicinale destinée à soulager les maux de tête ou les affections cutanées.

PAGANISME : nom donné par les chrétiens des premiers siècles au polythéisme, auquel les populations paysannes de l'Empire romain restèrent longtemps fidèles.

PAÏEN : à l'origine, ce terme désignait tout adepte d'une religion polythéiste. Actuellement, ce mot renvoie à un adepte d'une voie spirituelle basée sur le culte de la Terre (Wiccan, Druide, Chaman…).

PANTHÉON : groupe de divinités associé à une culture précise, comme le panthéon celte ou le panthéon grec.

PENTACLE : étoile à cinq branches inscrite dans un cercle. Parfois, une fleur à cinq pétales symbolise le pentacle sur l'autel ; cela peut aussi être un *pentagramme* composé de tiges de plante.

PENTAGRAMME : étoile à cinq branches ; souvent utilisée pour le pentacle, sans distinction.

PLAN ASTRAL : plan d'existence différent de celui qu'habitent les humains, où l'on dit que les esprits vivent.

PURIFICATION : nettoyage spirituel visant à éliminer la négativité.

REDE/REDE WICCAN : fondement de la morale wiccane, « Tant que cela ne nuit à personne, fais ce que tu veux. »

SABBATS WICCANS MAJEURS : il en existe huit dans l'année, à commencer par Samhain, suivi de Yule, Imbolc, Ostara, Beltaine, Litha, Lammas et Mabon.

SIGIL : symbole magique ; à chaque sorcier revient le soin de s'en créer.

TALISMAN : amulette magique.

UNION DES MAINS : mariage wiccan.

VÊTU DE CIEL : nu, dans le cadre d'un rituel magique.

VISUALISATION : création d'une image mentale ; également utilisée pour les méditations très profondes.

WIDDERSHINS : cela signifie « dans le sens inverse des aiguilles d'une montre ». Lors d'une préparation, cela permet de diminuer l'énergie que vous souhaitez lier au sort.

INDEX

L-M

N-O

P-Q

R-S

T-U

V-W-Y

Mes sorts et sortilèges

Mes sorts et sortilèges

Mes sorts et sortilèges

Mes sorts et sortilèges

Mes sorts et sortilèges

Mes sorts et sortilèges

Mes sorts et sortilèges

Mes sorts et sortilèges

Photogravure Irilys
Imprimé en Espagne par Macrolibros, Valladolid
Dépôt légal : janvier 2021
327186/02 – 11048335 – août 2021